KB150722

제자백가를 격파하라

청소년을 위한 **철학 판타지 소설**

03

제자백가를
격파하라

諸子百家

좌백 글 | **왕지성** 그림
한국철학사상연구회 감수

마리북스

동 양 사 상 의 탄 생 기

춘추전국시대

춘추전국시대를 아십니까?

중국의 주나라가 몰락하고 혼란스러운 시기가 600년가량 이어지다가 진시황이 통일을 함으로써 혼란이 잠시 멈추는데, 이 혼란기를 춘추전국시대라고 부릅니다. 이 시기에 많은 나라들이 세워졌다가 서로 싸워 무너지고, 또 세워져서 전쟁을 벌이고 하는 통에 사람들의 고통은 이루 다 말로 할 수 없었다고 합니다. 이런 혼란을 해결하기 위해 사람들은 지혜를 모았습니다. 그 과정에서 탄생한 것이 제자백가입니다.

제자백가란 '여러 현명한 선생님들과 그 학파들'이라는 뜻의 이름입니다. 우리가 잘 아는 공자, 맹자, 노자, 장자 등이 '여러 현명한 선생님들'이고 유가, 도가, 묵가 등이 '그 학파들'에 해당됩니다. 이들은 모두 인간의 본성을 연구하고 세상의 이치를 탐구하여 궁극적으로 세상을 다스리는 방법을 생각했다는 공통점이 있습니다. 그럼으로써 춘추전국시대의 혼란을 해결하려고 한 것이지요.

결국 진시황이 통일을 이룰 수 있었던 것은 제자백가의 하나인 법가의 도움을 받아서였으니 이들의 노력이 아주 헛된 것은 아닌지도 모르겠습니다.

하지만 진시황은 통일을 이루고 나자 사람들이 제자백가의 다양한 생각들을 따르는 걸 금지하고 오로지 자신이 허용한 생각들만 하기를 원했습니다. 그래서 한 일이 바로 분서갱유, 책을 태워 버리고 학자들을 땅에 생매장한 사건이었습니다. 법가는 진시황을 도움으로써 제자백가의 다른 학파들의 씨를 말려 버리고 만 것이죠.

진시황의 통일로 말미암아 춘추전국시대가 끝났고, 춘추전국시대가 끝남으로써 제자백가의 시대도 끝나고 말았습니다.

하지만 아무리 대단한 진시황도 모든 책을 불태우지는 못했고, 모든 학자들을 죽이지는 못했습니다. 지금까지 저 제자백가의 사상들이 전해져 오는 것만 봐도 알 수 있죠.

세자백가는 중국에서 만들어진 사상, 즉 생각들이고, 춘추전국의 혼란을 해결하기 위해 만들어진 사상입니다. 그리고 서양의 철학과는 다른 동양 사상의 부모가 되었지요.

시대적인 요구에 따라 도덕과 정치 분야에 치중되어 있기는 했지만 거기에는 세계가 어떤 모습이고 어떻게 움직이는지 설명하려는 시도도 있었고, 논리학을 만들고자 하는 노력들도 있었습니다.

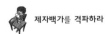
제자백가를 격파하라

말하자면 우리 인류의 정신이 깨어나 세계와 인간에 대해 생각하고 설명하기 시작했을 때 서양에는 철학을 만든 그리스가 있었고, 동양에는 제자백가들이 있었다는 얘기지요.

이 책에서는 제자백가의 생각과 남긴 말들을 좇아가는 여행을 시도합니다만 실제 역사와는 같지 않다는 것을 말해 둡니다. 6백여 년에 걸쳐 만들어진 수많은 생각들을 쉽고 빨리 보게 하려니 어쩔 수 없는 일이었습니다.

재미있는 여행이 되기를 바랍니다.

좌 백

차례

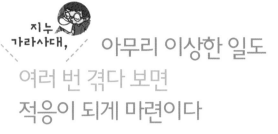

아무리 이상한 일도
여러 번 겪다 보면
적응이 되게 마련이다

지누는 그날도 삼촌의 서재에서 책을 읽다가 깜빡 잠이 들었다. 그렇다고 지누가 책만 보면 베개 삼으려고 드는 아이는 아니다! 전에는 물론 책보다 게임을 더 좋아했지만, 요즘은 또래 친구들에 비하면 그야말로 책벌레라고 해도 좋을 정도로 책과 친해졌다.

하지만 이번 책은 좀 심했다. 무척 두꺼운 데다가 종이는 누렇게 변한 오래된 책이었다. 책을 펼쳤더니 안에 들어 있는 글자는 온통 읽을 수 없는 한자들뿐이었다.

仁, 義, 禮, 知, 恕, 道, 兼, 名, 法……,

여러분은 저 글자 중에 몇 개나 읽을 수 있지?
이 정도면 숫제 글자가 아니라 그림으
로 된 암호라고 해도 될 거다. 그런 것
만 들여다보고 있으면 잠이 오는 게
당연하지 않은가!

애초에 그런 재미없는 책 따위는 읽지 말고 치웠으면 될 거라고? 옳은 말이다. 현명한 생각이지. 이해할 수 없는 책은 안 읽으면 된다!

그런데 이런! 요즘 지누는 전에 없던 고집쟁이가 되어 버렸다. 자기가 읽을 수 없는 책이 있다는 게 분했다. 책장을 덮는 건 싸움에서 지는 것처럼 창피하고 억울한 일로 느껴졌나. 그래서 눈에 불을 켜고 계속 글자를 들여다보았다. 뭔가 답이 나오지 않을까 생각하면서 말이다. 여러분에게도 그런 경험이 있을 것이다. 안 될 줄 알면서도 억울해서 계속하게 되는 그런 일. 이길 수 없는 덩치 큰 친구를 향해 힘껏 주먹을 날려 보는 짓 같은 것 말이다. 보통은 그런 짓을 하면 코가 깨지거나 무릎이 까진다. 지누는 대신 잠이 든 것이다. 그뿐이다.

자, 그런데 잠이 들고 난 다음부터가 평상시와 좀 달랐다. 지누는 잠결에 산들산들 부는 바람을 느꼈다. 어디선가 덜그럭거리는 수레바퀴 소리가 들려왔다. 거기에는 사람들의 시끌벅적한 소리도 섞여 있었다. 삼촌의 서재는 사방이 벽으로 막혀 있고 책꽂이들이 드리우는 그림자로 어둠침침했다. 바람도 수레바퀴 소리도 시장터 같은 소음도 어딘가 어울리지 않는다.

지누는 살그머니 실눈을 떠 보았다. 과연!

그곳은 지누가 잠들었던 삼촌의 서재가 아니었다. 새들의 노랫소리가 들리는 조용한 산골도 아니고, 솔직히 말하자면 21세기 대한민국 땅 어디도 아닌 게 분명했다.

여러분이라면 자다가 눈을 떴을 때 엉뚱한 곳에 와 있다면 일단

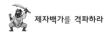

놀라겠지? 기절초풍하거나 '이건 꿈이야, 나는 아직도 자고 있는 게 틀림없어.'라고 생각할 거다. 하지만 지누는 놀라지 않았다. 아하, '그 일'이 또 시작되었구나 하고 가슴이 조금 두근거렸을 뿐이다. 왜냐하면, 이런 일을 아주 많이 겪어 보았기 때문이다. 한두 번이 아니다. 이번이 무려 세 번째이다! 먼저 겪은 두 번의 일을 알고 싶으면 서점이나 도서관에서 《논리의 미궁을 탈출하라》와 《소크라테스를 구출하라》를 찾아보기 바란다. 여기서는 그 이야기를 할 시간이 없다. 지누가 지금 겪고 있는 일을 따라가기도 바쁘니까.

지누가 보기에 그곳은 중국 무술 영화의 촬영 세트 같았다. 머리를 틀어 올리고 수염을 기른 남자들이 소매가 길고 치렁치렁한 옷을 입고는 분주히 오락가락하고 있었다. 김이 무럭무럭 나는 만두를 파는 수레도 있고, 새가 든 조롱을 수십 개씩 쌓아 놓고는 손님을 부르는 장사꾼도 보였다. 저쪽 멀리에는 웃통을 벗어제친 채 입에서 불을 뿜는 묘기를 부리는 대머리 거인도 있었다. 호떡집에 불 난 것 같다는 말이 딱 맞을 정도로 시끌벅적한 옛날 중국 시장터 한복판이 분명했다.

'아, 이번에는 중국인가? 그러고 보니 잠들기 전에 뒤적거렸던 게 분명히 한문이 잔뜩 들어 있는 책이었지. 무슨 소린지 읽기도 힘들었어. 으, 한문은 정말 싫어!'

삼촌의 서재에서 어려운 책을 읽다 보면 어느샌가 이상한 세계로 빠져들어 신나는 모험을 하게 된다. 늘 지긋지긋할 만큼 힘든 모험이지만 끝나고 나면 이상하게도 뿌듯하고 어느새 그리워지기

도 한다. 이번에도 '그 일'이 일어난 게 분명하다. 지누는 이젠 이런 모험이 두렵지 않다. 오히려 게임을 하기 위해 캐릭터를 만들고 인터넷에 접속할 때처럼 두근두근거리는 일이 되었다.

하지만 너무 들뜨는 것도 어쩐지 겸연쩍어서, 지누는 한껏 느긋한 표정으로 기지개를 켜며 일어섰다. 이렇게 하는 쪽이 훨씬 게임의 고수처럼 보일 거라는 생각도 들어 기분이 좋았다.

지누는 자기 모습을 둘러봤다. 잠들기 전까지 입고 있던 멀쩡한 옷은 어디론가 사라지고, 지금 입고 있는 것은 바지저고리 비슷한 옛날 옷이었다. 바지는 엄청 짧아서 정강이가 다 드러나고, 저고리도 배꼽이 드러날락 말락 할 정도로 짧은 데다가 때가 타서 원래 색깔이 뭔지도 알아볼 수 없을 만큼 꾀죄죄했다. 영락없는 어느 집 하인 꼬락서니였다. 게다가 허리에는 작은 대나무 돗자리 같은 것이 둘둘 말려서 끈으로 묶인 채 달려 있었다. 거지가 따로 없다.

지누는 쳇 혀를 찼다.

'뭐야. 기왕 옛날 중국으로 왔으면 좀 그럴싸하게 무사 같은 거로 변하면 얼마나 좋아? 시작부터 후줄근하네. 그나저나 이 계집애는 어디 간 거야? 왜 아직 안 나타나?'

'이 계집애'라는 것은 지누가 두 번이나 겪은 이상한 여행의 안내자이자 길동무인 '애지'라는 소녀다. 생긴 건 예쁘장하지만 성깔은 사납고, 통 알 수 없는 괴상한 소리를 늘어놓는 아이다. 하지만 어쨌거나 애지가 없었으면 지누는 앞선 두 번의 여행을 무사히 마치지 못했을 것이다.

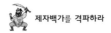 제자백가를 격파하라

이상한 세계에 들어오게 되면 항상 어디선가 바람처럼 나타나 옆에서 쫑알쫑알 참견을 하곤 했는데, 어찌 된 셈인지 이번엔 보이질 않았다. 아마 지각을 하는 모양이다. 지누는 사나이답게 좀 기다려 주기로 마음먹고, 그동안 주변을 둘러보기로 했다. 여행지에 대해서 지누는 언제나 아는 게 전혀 없었다. 그런데 애지가 나타나서는 도도하게 한마디씩 알려 주면서 잘난 척을 했다. 이번엔 애지가 오기 전에 미리 살펴보고 먼저 잘난 척을 해 줄 작정이다. 한두 번도 아니고 이번이 세 번째 여행이니 충분히 그럴 자신이 있었다.

그런데, 지누가 행동에 나서기 직전 시장터 한가운데서 큰 소란이 일었다.

"물러서라!"

"썩 좌판을 거둬들이지 못하겠느냐!"

발길질 소리에 이어 우당탕 쿵탕, 늙은 할머니의 만두 수레가 엎어졌다. 뜨거운 국물과 만두가 튀고 아수라장이 벌어졌다. 소동을 일으킨 것은 한 무리의 장정들이었는데, 삼국지 게임에서 본 장비처럼 텁석부리 수염에 배가 불룩 나오고 손에는 무시무시한 칼을 들고 있었다.

지누는 어떻게 된 영문인지 알 수 없어 일단 벽 뒤에 숨어 상황이 돌아가는 것을 지켜보기로 결심했다. 절대로 놈들의 덩치나 칼이 무서워서 그런 것은 아니었다. 아니고말고!

장정들 중에 장비와 빼닮고 배도 가장 많이 나온 데다 손에 제일 큰 칼을 쥐고 있는 사내가 반쯤 부서진 수레를 짓밟으며 장터

의 모든 사람들을 향해 쩌렁쩌렁한 목소리로 외쳤다.

"이 성의 주인은 바로 우리 철혈가다! 세상은 칼과 피가 지배하
는 법! 강자만이 살아남는다는 것이 유일한 법칙이다. 우리에게 세
금을 바치지 않는 자는 시장에서 장사할 권리
도 없다. 반대하는 놈이 있다면 당장 앞
으로 나와라."

물론 지누는 그 말에 반대였다. 비
록 한문이라고는 월화수목금토일(月
火水木金土日)밖에 모르는 지누지만 저

장비 아저씨가 하는 말이 순 강짜라는 건 불을 보듯이 명확했다.

"이야, 생긴 대로 논다더니 저 아저씨들 완전 깡패네. 힘만 있으면 다 된다는 거잖아? 그런 무식한 소리가 세상에 어디 있어?"

물론, 어디까지나 혼잣말로 중얼거렸을 뿐이다. 그것도 아주 작은 소리로 말이다. 그런데…….

"허허, 생긴 대로 논다더니 완전 날강도나 다름이 없구려. 힘만 있으면 다 된다는 거 아니오? 그런 무식한 소리가 세상에 어디 있소?"

마치 지누의 마음속 생각을 대변하는 것처럼 등 뒤에서 목소리가 들려오는 게 아닌가. 장비 아저씨가 당장 눈을 부라리며 주위를 둘러보았다.

"어떤 놈이냐? 목숨이 아깝지 않은 게로구나."

장비 아저씨의 눈이 지누가 숨어 있는 곳에 꽂혔다. 지누는 앗뜨거라 하고는 그 자리에 쪼그려 앉았다. 그리고 손가락으로 등 뒤를 가리켰다. 내가 아니에요. 내 뒤에서 난 소리예요! 그렇게 손짓하면서 지누도 고개를 돌려 뒤를 돌아보았다.

거기 서 있는 사람은 뜻밖에도 부채로 얼굴을 가리고 하늘하늘한 옷을 입은 호리호리한 청년이었다. 어딜 봐도 장비 아저씨의 한 주먹거리도 안 되게 생겼다. 그런데도 청년은 태연자약했다. 안 그래도 흉악한 장비 아저씨의 얼굴이 대뜸 더욱 흉악해졌다.

"흥, 네 놈이었구나? 안 그래도 평소 너희 학식가 놈들 하는 짓거리가 마음에 들지 않았지. 그래, 오늘 이 자리에서 붓이 더 강한

지 칼이 더 강한지 한번 자웅을 겨루어 볼까?"

"허허, 그 무슨 섭한 말씀을. 자고로 배우고 익힌 자만이 세상을 다스릴 수 있다는 것은 성현들께서도 누누이 말씀하신 바, 굳이 겨룰 필요까지야 있겠소?"

"겁이 나니까 꽁무니 빼는 모양이로구나?"

"그렇지 않소. 게다가 병법가의 귀공께서는 한 가지 잘못 알고 계시오이다. 방금 한 말은 내 말이 아니라 바로 여기……."

청년은 부채를 탁 소리 나게 접더니 느닷없이 손을 뻗어 막 쥐구멍을 찾아 들어가려고 하던 지누의 등덜미를 잡았다.

"소년 영웅께서 병법가의 패악무도한 행패를 지켜보다가 참지 못하고 하신 말씀이라오. 불초소생은 단지 그걸 큰 소리로 전달했을 뿐이오."

으악! 이 젊은 형아가 나를 아예 죽이려고 작정을 했네. 이게 웬 물귀신 작전이지? 지누는 아주 울상이 되어 버렸다. 장비 아저씨의 표정이 더욱 흉악해졌다. 저 아저씨는 정말로 인간의 얼굴이 어디까지 흉악해 질 수 있는지 한계를 시험하는 것 같았다. 어째 아까보다 더 날이 서 보이는 칼을 흔들면서 장비 아저씨가 지누와 청년 앞으로 한달음에 달려왔다. 그 뒤를 따라 만만치 않게

아니 그게아니고요. 저기요 선생님, 제 말좀 들어 보세요.

제자백가를 격파하라

흉악한 다른 장비 일당들도 같이 몰려왔다. 어어, 상황이 점점 좋지 않게 흘러간다. 어떻게든 이곳을 벗어나려고 해도, 청년이 뒷덜미를 딱 잡아 쥐고 있어서 도망갈 도리가 없었다. 생긴 것과 달리 이 청년은 손아귀 힘이 아주 억셌다.

"꼬마야. 정말 그 말을 네가 한 거냐?"

장비 아저씨가 앞에 버티고 서서 눈을 부라리며 물었다. 어허, 날씨도 선선한데 왜 이리 땀이 흐르지? 지누는 아무런 대답을 못하고 어물거렸다.

"대답을 해라! 이 혀만 나불거릴 줄 아는 학식가 놈이 거짓말을 한 게지? 너 같은 어린 놈이 설마 우리 병법가에 대항할 생각은 아니었겠지? 아, 대답을 하라니까?"

대답은 지누가 아니라 청년이 했다.

죽었어.

"허허, 그렇게 잡아먹을 듯이 을러대니 어디 편하게 말을 할 수 있겠소? 불의를 보고 한마디 한 기특한 소년 영웅에게 너무 무례하신 거 아니오?"

"뭐가 어째?"

장비 아저씨는 참다못해 칼을 휘둘렀다. 그러자 청년이 방어 동작을 취했다. 그런데 하필, 지누의 뒷덜미를 잡고 있던 손을 들어서 칼을 막으려고 들었다. 맙소사! 지누는 그 서슬 퍼런 칼이 자기 얼굴을 향해 똑바로 날아오는 것을 보고 말았다!

비명을 지를 겨를도 없었다. 장비 아저씨는 어떻게든 지누가 아니라 지누를 방패로 삼고 있는 청년을 공격하려고 칼의 방향을 바꾸었다. 세법 솜씨가 있는지 쉭 소리를 내면서 칼은 아슬아슬하게 지누를 스치고 청년을 향해 휘둘러졌다. 하지만 청년도 여간내기가 아니었다. 발꿈치를 빙그르르 돌리자 어느 틈에 다시 지누의 몸뚱이가 칼을 막고 선 자세가 되었다. 다시 장비 아저씨의 칼이 방향을 바꾸고, 청년이 지누로 방패를 삼기를 여러 차례. 지누는 목덜미 잡힌 강아지 신세가 되어 칼과 청년 사이에서 이리 휘둘리

고 저리 휘둘렀다. 쉬익 소리가 나더니 지누의 앞 머리칼 몇 가닥이 베어져 허공에 흩날렸다.

이쯤 되니 지누는 눈에 뵈는 게 없었다. 아니, 정확히 말하자면 뵈는 게 너무 많았다. 지금까지 살아온 날들이며, 부모님 모습, 친구들, 삼촌, 빌려주고 아직 돌려받지 못한 게임 CD, 다 못한 방학 숙제, 애지……. 아, 사람이 죽기 전에는 지나간 날들이 주마등처럼 스치고 지나간다더니 바로 이런 것이로구나!

"이 쥐새끼 같은 놈!"

청년을 베지 못하자 화가 날 대로 난 장비 아저씨가 얼굴이 시뻘게졌다. 머리 위로 힘껏 칼을 치켜들어 내리치는 모양이 아예 지누와 청년을 한꺼번에 베어 버릴 작심인 모양이었다. 이번에야말로 피할 도리도 없고 꼼짝없이 죽었구나 생각하는 찰나였다.

"천녀님의 마차가 온다!"

누군가 큰 소리로 외쳤다. 칼을 내리치려던 장비 아저씨도, 막 그 칼을 피하려던 청년도 동작을 우뚝 멈추고 소리가 들려온 방향을 돌아보았다. 거리 저편에서부터 소란이 시작되고 있었다. 거리를 메우고 있던 수많은 사람들이 양쪽으로 갈라지면서 중앙에 길을 터 주고 땅바닥에 엎드렸다. 멀리서부터 사람들이 우르르 갈라지고 엎드리는 게 마치 야구 응원할 때 파도타기하는 모습으로 보였다. 내려가기만 하고 올라가지는 않지만.

장비 아저씨가 칼을 거두어들이더니 청년을 힐끗 돌아보면서 말했다.

"흥, 네 놈 한 목숨 건진 줄 알아라."

그러고는 황급히 떠나 버렸다. 장비 아저씨의 패거리가 우르르 그 뒤를 따랐다. 그러자 청년은 다 먹은 일회용 사발면 그릇 팽개치듯이 지누를 획 던져 버리고는 손을 탁탁 털었다.

"흥, 머리라고는 어깨 위가 허전할까 봐 얹어 놓은 줄 아는 무뢰배 같으니라고. 그런 주제에 무슨 천하를 제패하겠다고 설치는지, 가소로워서. 그럼 어디 이 몸도 슬슬 가 보실까? 새 옷을 입고 흙바닥에 엎드릴 순 없으니까 말야."

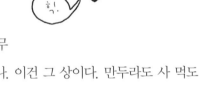

청년은 자리를 떠나기 전에, 지누를 한번 힐끗 돌아보았다. 지누는 한참 정신없이 휘둘려진 데다가 마지막에 내동댕이까지 당해 완전히 넋이 나간 상태였다. 청년은 품에서 엽전을 하나 꺼내더니 지누에게 동냥하듯이 획 던졌다.

"옛다. 네 덕분에 저 불학무식한 자를 잘 가지고 놀았구나. 이건 그 상이다. 만두라도 사 먹도록 해라."

지누는 엽전을 청년의 뒤통수에 냅다 던져 주고 싶었다. 하지만 그보다 땅바닥에 엎드리는 것이 우선이었다. 지누가 서 있는 곳에서도 사람들이 길 양쪽으로 물러나서 엎드리고 있었으니까. 어찌

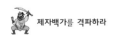

제자백가를 격파하라

할 줄 몰라 허둥지둥하는 지누를 누군가 붙잡아 끌고 가더니 땅바닥에 엎드리도록 머리를 눌렀다.

"그냥 서 있다간 경을 친다. 납작 엎드려 있어."

처음 보는 노인이었다. 차림새가 거지처럼 보였다. 이빨은 몽땅 빠졌고 눈은 어디를 쳐다보는지 도무지 알 수 없는 사팔뜨기였다. 입맛이 뚝 떨어질 만큼 못생긴 데다가 아주 고약한 냄새까지 풍겨 지누는 되도록 멀리 떨어져 있고 싶었지만 양쪽에 사람들이 움직일 틈 없이 엎드려 있어서 불가능했다. 그래서 지누는 되도록 숨을 꽉 참기로 했다. 하지만 궁금한 건 또 못 참는 지누라 결국 입을 열고 말았다.

"누가 오는데 이 난리죠?"

노인이 넌 그것도 모르냐는 듯 이상한 표정으로 한동안 바라보다가 대답했다.

"천녀님이시지."

"천녀가 뭔가요?"

"천녀(天女), 하늘 천, 여자 녀, 하늘에서 내려온 분이라는 거다. 어디 먼 시골구석에서라도 온 모양이구나. 도성 안에서 천녀님을 모르는 사람이 있을 줄은 상상도 못했다."

지누는 웃었다.

"에이, 사람이 어떻게 하늘에서 내려와요. 낙하산 타고 떨어지는 것도 아니고."

노인이 또르륵 소리가 날 것처럼 눈을 크게 뜨고 굴렸다.

"낙하산이 뭐냐? 하여간 천자께서 하늘에 제사를 지내는데
갑자기 제단 위에 나타났으니 하늘에서 내려온 분이 아니면 뭐겠
냐? 혼자도 아니고 수천 명이 지켜보는 앞에 갑자기 나타나셨다
는구나. 그 후부터 천녀님이라고 불리며 천자님은 물론이고 만백
성의 존경을 받고 게시지. 쉿, 왔나! 말하면 안 돼!"

노인은 흙바닥에 이마를 댔다. 무서워서가 아니라 정말로 존경

의 표시로 그러는 것 같았다. 지누도 고개를 숙였다. 말발굽 소리가 들렸다. 한두 필이 아니라 수십 필의 말이 끄는 듯한 소리였다. 그 뒤를 이어 수레바퀴 소리도 들려왔다. 천녀가 탄 마차가 바로 앞을 지나가는 모양이었다.

지누는 이러면 안 되는데 하면서도 호기심을 못 이겨 고개를 들었다. 그리고 눈을 굴려 마차를 쳐다봤다. 그때 지누와 마차에 타고 있던 여자의 눈이 마주쳤다. 지누는 자기도 모르게 일어나 외쳤다.

"애지야!"

마차에 탄 여자, 그러니까 여기 사람들이 '천녀님'이라고 부르며 존경한다던 그 여자는 바로 애지다. 그렇다면 이해가 간다. 애지라면 하늘에서 떨어질 수도 있지. 지누가 영문도 모르고 시장통에 구르고 있었던 것처럼 말이다.

엥, 누구세요?

그냥 서 있다가는 경을 친다. 납작 엎드려 있어.

"무례한 것! 어디서 감히!"

앞뒤로 마차를 호위하던 갑옷 입은 기마병들이 창을 겨누며 달려들었다. 당장이라도 꼬치구이처럼 지누를 꿰뚫어 버릴 듯한 기세였다.

"그민! 그 아이를 건드리지 마세요!"

애지가 외치자 기마병들이 멈추었다. 버들잎처럼 뾰족한 창날이 지누에게 닿을락 말락 흔들리고 있었다. 지누는 하마터면 오줌을 쌀 뻔했다. 순간적으로 죽는구나 하는 생각이 들었기 때문이다.

기마병이 애지를 돌아보며 말했다.

"이렇게 무례한 놈은 본보기로 처형을 하셔야……."

애지가 손을 흔들었다.

"아닙니다. 아이가 실수한 걸로 일일이 벌을 주기 시작하면 백성이 남아나겠습니까. 시골아이가 모르고 한 일인 듯하니 그냥 두고 갑시다."

기마병들이 창을 거두었다. 그중 하나가 지누에게 말했다.

"운 좋은 줄 알아! 천녀님의 자애로우심이 아니었다면 넌 죽었다."

멍하니 서 있는 지누를 두고 행렬은 다시 출발했다. 하지만 지누는 마차가 다시 움직이기 전 애지가 소리 내지 않고 입만 움직여 말하는 것을 보았다.

'제자백가를 격파해 줘.'

무슨 뜻인지, 왜, 어떻게 그래야 하는지 도대체 영문을 알 수 없는 말이었다. 하지만 지누는 애지의 말보다도 떠나기 직전 마주친

제자백가를 격파하라

애지의 까만 눈에서 더 많은 이야기를 읽었다.

'도와줘. 너밖에 믿을 사람이 없어.'라는 말을.

애지의 눈은 걱정과 두려움에 잠겨 간절히 도움을 호소하고 있었다. 한 번도 약한 모습을 보인 적이 없는 애지가 말이다.

그 한마디면 충분했다. 이유는 몰라도, 지누는 자기가 그 일을 해야만 한다는 사실을 깨달았다. 수레는 멀리 사라졌다.

仁, 義, 禮, 知, 恕, 道, 兼, 名, 法

어질 인(仁), 옳을 의(義), 예도 예(禮), 알 지(知), 용서할 서(恕),
길 도(道), 겸할 겸(겸), 이름 명(名), 법 법(法)

공자 가라사대, 아는 것을 안다고 하고 모르는 것을 모른다고 하는 것, 이것이 아는 것이다

지누는 지금 만두 수레 앞에 서 있다. 애지의 문제를 생각하는 것보다 꼬르륵 소리를 내는 뱃속 사정을 해결하는 것이 더 급했다. 죽다 살아나서 그런지 더욱 배가 고팠다. 생각은 배가 부른 뒤에 해도 늦지 않을 것이다.

한 차례의 소동으로 혼란스러웠던 시장판에 안도의 한숨이 여기저기서 들려왔다. 어느덧 장사하는 사람들은 다시 좌판을 수습해 하던 일을 계속하기 시작했다. 만두 파는 할머니도 반쯤 부서진 수레를 용케 도로 일으켜 세워 다시 만두를 삶기 시작했다.

"만두 좀 주세요."

지누는 지친 목소리로 엽전을 건넸다. 가격이 얼마인지는 몰라도 이거면 만두 하나쯤은 사먹을 수 있겠지? 그런데 웬걸. 만두 장사 할머니는 지누가 내민 엽전을 힐끔 보더니 고개를 쌩 돌려 버렸다.

"값이 부족해."

헉, 큰일이다. 그 쩨쩨한 청년은 만두 한 개 사먹을 돈도 안 되는 것을 주고 간 모양이다. 지누는 비굴한 목소리로 다시 청했다.

제자백가를 격파하라

"저, 한 개 값이 안 되면 반 개만이라도 주실 수 없나요?"

"돈이 아니라, 다른 게 부족해."

할머니는 알쏭달쏭한 대답을 했다. 어안이 벙벙해져 있는 지누의 어깨를 누군가가 톡톡 쳤다. 돌아보았더니 아까 그 노인이 헤헤 웃고 있었다.

"보아하니 물건 사는 법도 잘 모르는 모양이군. 내가 한 수 가르쳐 줄까?"

노인은 지누 앞으로 손을 척 내밀었다.

"자, 그 돈 이리 줘 봐. 내가 만두 사는 법을 알려 주지."

노인의 기세에 어쩐지 압도되어 지누는 엽전을 그 꾀죄죄한 손바닥 위에 올려 주었다. 노인은 만두 파는 할머니한테로 돌아서더니 엽전을 들어 보이며 '커흠'하고 헛기침을 했다. 그러고는 근엄하게 말하는 것이었다.

"자왈, 지지위지지, 부지위부지, 시지야.(子曰, 知之爲知之, 不知爲不知, 是知也.)"

지누가 듣기에는 영락없이 제비 우는 소리 흉내였다. 그런데 만두 파는 할머니는 표정이 싹 달라져서는 아주 기분 좋게 뜨끈뜨끈한 만두 하나를 집어 내미는 것이다. 엽전과 만두를 교환하고 할머니와 노인은 서로 고개를 조아리며 인사를 했다. 노인이 만두를 들고 근처 처마 밑으로 유유히 걸어갔다. 지누는 그 뒤를 강아지처럼 졸졸 따라갔다.

"할아버지. 방금 이야기하신 게 만두 값이에요?"

"그렇지. 우리 춘추전국에서는 뼈대 있는 장사꾼이라면 물건을 팔 때 돈만 받지 않는 법이야. 금과옥조 같은 성현의 밝은 말씀 한 마디를 듣고 삶의 이치를 깨닫는 것이야말로 돈보다도 더 귀한 보상이 아니겠느냐?"

"헹, 방금 그 지지배배한 소리가 성현의 말씀이라고요? 아, 아니……. 그 전에, 여기가 춘추전국? 춘추전국이라는 곳이에요?"

노인은 다시 한 번 신기하다는 표정으로 지누를 훑어보았다. 그리고 기묘한 웃음을 지었다.

"천녀님도 모르더니 여기가 어떤 곳인지도 모르고 있었군. 시골도 보통 시골이 아니라 아주 깡촌에서 온 모양이지?"

깡촌이 아니라 여기보다 훨씬 발전한 대한민국에서 왔다고 말하고 싶었지만 그래 봐야 알아들을 리 없다. 지누는 노인이 그냥 그

렇게 생각하도록 두고 투덜거렸다.

"여기가 춘추전국인지 뭔지, 병법가가 뭔지 학식가가 뭔지도 모른다고요. 아는 거라곤 하나도 없는 곳에 덜렁 떨어뜨려 놓고, 애지 이 계집애는 제자백가를 격파하라니 말라니 하는 소리나 해 대고……. 아이고, 머리야!"

"자왈, 지지위지지, 부지위부지, 시지야."

머리를 감싸는 지누를 향해 노인은 아까 한 그 뜻 모를 소리를 다시 지저귀는 것이었다.

"공자 가라사대, 아는 것을 안다고 하고 모르는 것을 모른다고 하는 것, 이것이 아는 것이다. 이게 바로 만두 한 개와 바꾼 성현의 가르침이야. 그 말씀에 따르자면 넌 뭐가 뭔지 하나도 모른다는 그 무지를 인정했으니 그것이야말로 진정 앎의 시작이 아니겠느냐. 저 병법가나 학식가 사람보다 네가 못할 게 없지."

"알쏭달쏭한 말씀 그만하시고, 여기가 어떤 나라인지 이야기 좀 해 주세요. 전 뭐가 뭔지 정신이 하나도 없다고요!"

"허허, 성질 한번 급하군. 좋아, 좋아. 좀 편하게 자리를 잡고 앉아라. 이야기해 주지. 여기는 춘추전국이라는 나라야. 하늘의 아들이라 칭하는 천자께서 나라를 다스리시고, 백성들은 예와 덕을 아는 살기 좋은 나라…… 였지."

노인은 말끝을 흐리며 한숨을 푹 내쉬었다.

"그러나 태평성대도 모두 옛말이다. 아까 보았지? 천자의 힘이 약해지자 제후가 기승을 부리고, 병법가니 학식가니 제 힘만 믿고 설쳐대는 놈들, 세 치 혀만 살아서 나불대는 놈들이 사방에 득실대고 있는 게 현실이지. 한마디로 난세야. 백성들은 도탄에 빠지고, 어디서나 싸움이 그치지를 않아. 절세의 영웅이 나타나 이 난세를 정리하지 않으면 천하는 한숨 그칠 날 눈물 마를 사이가 없을 것이야. 그래서 친녀님이 내려오셔서 세자백가 논변대회를 여시는 것이겠지만……, 글쎄 그중에서 영웅이 나타날 수 있을까?"

지누가 눈을 빛내며 노인에게 바짝 붙어서 질문했다.

"방금 뭐라고 하셨죠? 제자백가 뭐가 열린다고요?"

노인이 갑자기 눈을 빛내더니 지누를 요리조리 뜯어봤다.

"그렇지……! 내가 보아하니 네 얼굴에는 영웅의 기상이 엿보이는구나. 단신의 몸으로 병법가나 학식가에 대적한 것을 보면 알 수 있어. 넌 이 춘추전국을 구할 운명을 타고났는지도 몰라. 그렇게 생각하지 않냐?"

"예? 아, 그, 그야 뭐, 제가 원래 좀 잘나기는 했지만요……."

"그럼 얼른 일어나 따라와라!"

노인은 버럭 고함을 지르더니 벌떡 일어나 지누의 손을 잡고 냅

다 뛰기 시작했다.

"내가 널 천하를 구할 영웅으로 만들어 주마!"

끌려가면서 지누가 소리쳤다.

"영웅이고 뭐고 아까 질문한 것에나 대답해 주세요! 제자백가
뭐라고 하던 거 말이에요!"

노인은 걸음을 멈추지 않았다.

"바로 그걸 설명해 주기 위해서 가는 거야! 꺼억! 잘 먹었다!"

난데없는 트림 소리가 들려서 노인의 손을 보니 방금 전까지 들
고 있던 만두 한 개가 온데간데없었다. 지누는 나이 드신 분치고
는 유달리 힘이 좋은 노인에게 잡혀 정신없이 시장판을 가로질러
성문을 향해 뛰면서 고민했다.

이 할아버지는 정말 나를 도와줄 수 있는 사람일까? 아니면 학
식가인 그 청년처럼 단지 자기를 이용해먹으려는 사기꾼인 걸까?
으아, 정말 알 수 없다. 애지는 대체 왜 그렇게 된 거고, 제자백가
는 대체 뭐란 말이야?

공자 | 孔子, BC 551~BC 479 |

중국 고대의 사상가, 유교의 시조. 최고의 덕을 인이라고 보았다. 인(仁)
에 대한 공자의 가장 대표적인 정의는 '극기복례(克己復禮)' 곧, "자기 자
신을 이기고 예에 따르는 삶이 곧 인(仁)"이라는 것이다. 그 수양을 위해
부모와 연장자를 공손하게 모시는 효제(孝悌)의 실천을 가르치고, 이를
인(仁)의 출발점으로 삼았다.

백성이 가장 귀하고, 사직이 그다음이며, 군주가 가장 가볍다

맹자 가라사대,

한참을 달려 도착한 곳은 성문이었다. 아니, 정확하게 말하면 성문 부근에 세워 둔 팻말 앞이었다. 거기에는 오가는 사람들이 볼 수 있도록 뭔가 글을 써 놓았다. 이 시대의 게시판인 모양이었다.

노인이 그중 하나를 가리켰다.

"자, 여기 적힌 글을 읽어 보면 궁금해하던 게 모두 풀릴 거다."

지누는 읽으려고 해 봤다. 하지만 읽을 수 없었다. 모두 한자로 써 놓았는데 어떻게 읽는단 말인가!

다행히 노인이 혼잣말로 중얼거리듯 벽보에 적힌 내용을 읊조렸다.

"천하에 군웅이 할거하여 난세가 극에 이르렀도다. 춘추 전국의 백성들이 신음하는 소리가 황궁까지 들리니 이 일을 어찌할꼬. 학식과 지혜가 뛰어난 여러 선생들과 다양한 학파가 있어 난세를 정리하기 위해 천하를 떠돌며 발꿈치부터 정수리까지 다 닳아 없어지도록 노력하고 있다고는 하나 말은 많아서 오히려 귀에 들어오지 않고, 가리키는 방향은 저마다 달라 혼란을 불러일으키고 있으

제자백가를 격파하라

니 그 폐단이 적지 않노라. 하여 어느 말을 믿고, 어느 방향으로 가야 할지 백성의 동의와 지혜로운 이들, 특히 하늘이 보내 주신 천녀의 선택을 통해 결정하고자 올 구 월 구 일 태산 정상에서 제자백가 논변대회를 열기로 하니 제자백가는 이 칙명을 받들어 몸과 마음을 정결히 하고 태산으로 모일지니라! 우승자에게는 천자의 자리를 넘겨주어 천하를 경영할 권력을 주며, 아울러 천녀를

배필로 맞이할 자격을 주리라. 이르기를, 백성이 가장 귀하고, 사직이 그다음이며, 군주가 가장 가볍다 하였으니 어찌 자리에 연연하여 백성을 고통스럽게 할 수 있으랴. 짐의 이 같은 마음을 잘 헤아려 주기를 바라노라."

생소한 단어가 많아서 이해하기 어려웠지만 대충 내용은 알 수 있었다. 제자백가라고 하는 똑똑한 사람들을 모아서 말싸움을 시킨 다음 우승자에게 천자의 자리와 천녀를 준다는 이야기 같았다.

'뭐? 천녀를 배필로 준다고? 천녀는 애지잖아. 그럼 애지가 시집가는 거야?'

한편 웃기면서 한편으로는 그래선 안 되는데 하는 생각이 들었다.

'애지는 아직 어리다구. 시집갈 나이가 안 됐단 말야. 아, 그래서 그때 구해 달라고 한 거였구나.'

그런 생각을 하는 사이 노인은 지누 옆에 서서 벽보의 글을 몇 번이나 다시 보며 욕설을 뱉고 있었다.

"나쁜 놈, 교활한 놈!"

지누가 물었다.

"천자님이 쓰신 글 같은데 그렇게 욕해도 되는 거예요?"

"천자는 무슨! 이 글은 천자의 이름을 빌렸지만 사실은 진왕(秦王)이라는 나쁜 놈이 쓴 글이야."

"진왕이 누군데요?"

"진왕, 그러니까 진나라 왕이다. 천자를 괴롭히는 간신 중 제일 나쁜 놈이지. 그놈이 천자를 내쫓고 자기가 그 자리를 차지하고 싶

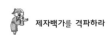

어서 벌이는 대회가 바로 제자백가 논변대회라는 건 알 만한 사람은 다 아는 이야기지. 저기, 저 문장을 좀 봐라. 민위귀, 사직차지, 군위경(民爲貴, 社稷次之, 君爲輕)이라고 써 놨지? 저게 원래는 제자백가의 한 사람인 맹자가 한 말이다. 백성이 가장 귀하고, 사직이 그 다음이며, 군주가 가장 가볍다 이 말이지. 하지만 그건 백성을 소중히 여기라는 말이지, 군주는 중요하지 않으니까 맘대로 바꾸라는 소리는 아니란 말이다. 그런데 그걸 천자의 자리를 내놓는다는 말 뒤에 슬쩍 끼워 넣어서 그런 뜻으로 만들었잖느냐. 진왕처럼 나쁜 놈 머리에서 나올 법한 생각이지."

다시 제자백가라는 말이 나왔다. 이제야말로 그게 뭔지 물어볼 때다 싶어 지누가 '제자백가가 대체 뭐예요?'라는 말을 하려는데 노인이 먼저 말했다.

맹자 | 孟子, BC 371?~BC 289? |

중국 전국시대의 유교 사상가. 전국시대에 배출된 제자백가(諸子百家)의 한 사람이다. 공자의 유교 사상을 공자의 손자인 자사(子思)의 문하생에게서 배웠다. 도덕정치인 왕도(王道)를 주장하였으나 이는 현실과 동떨어진 이상적인 주장이라고 해서 제후에게 채택되지 않았다. 그래서 고향에 은거하며 제자 교육에 전념하였다.

민위귀, 사직차지, 군위경 | 民爲貴, 社稷次之, 君爲輕 |

백성 민(民), 할 위(爲), 귀할 귀(貴), 토지신 사(社), 기장 직(稷), 버금 차(次), 갈 지(之), 임금 군(君), 할 위(爲), 가벼울 경(輕). 백성이 가장 귀하고, 사직이 그다음이며, 군주가 가장 가볍다.

반고 가라사대, **전란의 시대가 되자 학자들도 각자 자기의 학설이 진리라 하고 남의 학설은 거짓이라 하며 나뉘어 다투고, 제자백가의 언설이 횡행하여 통일된 것이 없었다**

"제자백가(諸子百家)란 여러 선생님들과 갖가지 학파라는 뜻이야. 반고(班固)라는 사람이 유가, 도가, 음양가, 법가, 명가, 묵가, 종횡가, 잡가, 농가 등에다가 소설가를 부록으로 해서 분류해 놓았지. 반고 가라사대, 전란의 시대가 되자 학자들도 각자 자기의 학설이 진리라 하고 남의 학설은 거짓이라 하며 나뉘어 다투고, 제자백가의 언설이 횡행하여 통일된 것이 없었다라고 했어. 즉 지금의 상황을 말하는 것이지."

모르는 이름이 연달아 튀어나오니 정신이 없었다. 눈치를 챘는지 노인이 혀를 쯧쯧 차며 말했다.

"아무리 깡촌에서 왔다지만 이 정도도 모르다니……! 혹시 공자라고 들어 봤냐?"

지누는 은근히 자존심이 상한다.

"들어 봤어요."

 제자백가를 격파하라

공자님 정도는 지누도 안다.

"맹자는? 노자, 장자는?"

"알아요!"

적어도 이름은 들어 봤다. 공자왈, 맹자왈 할 때의 그 공자, 맹자 아닌가. 노자, 장자는 솔직히 들은 듯도 하고 못 들은 것도 같지만.

"그 사람들이 '제자', 즉 여러 선생님들이다. 아들 자(子)는 선생님이라는 뜻도 있거든. 공자의 원래 이름은 '공구'지만 존경의 뜻으로 성 뒤에 자(子) 자를 붙여서 공자님이라고 부르는 거야. 맹자, 노자, 장자도 마찬가지지. 제는 '여럿'이라는 뜻이고, 그러니까 제자란 여러 선생님들이라는 뜻이 되는 거야. '백가'란 백 개의 학파라는 뜻인데……."

노인은 의심스럽다는 눈빛을 감추지 않고 물었다.

"너 혹시 유가라거나 도가라거나 하는 건 들어 봤냐?"

이건 정말 모른다. 지누는 고개를 도리도리 저었다.

"처음 듣는데요."

"하아, 정말 어렵구나. 하지만 걱정하지 말거라. 이제 그 여러 선생님들과 학파들을 하나하나 만나게 해 줄 테니까 뭐가 뭔지 상세히 알게 될 거다. 하지만 그전에 조금만 미리 말해 주자면 말이지. 유가니 도가니 법가니 하는 게 하나하나의 학파 이름이란다. 그러니까 백 개의 학파라는 뜻으로 '백가'라고 부르는 것이지."

"백 개나 있다고요?"

놀라서가 아니라 걱정이 되어 물어본 말이었다. 그걸 언제 다 만

46

나러 다닌단 말인가.

"정확하게는 육백 세 개 있지. '백가'에서 백자는 꼭 백 개를 말하는 건 아니고 그냥 많다는 뜻으로 쓰일 때가 많거든"

"유, 육백 세 개……!"

뽀글뽀글 거품을 뿜으며 뒤로 넘어가려는 지누를 붙잡고 노인이 서둘러 말했다.

"육백 세 개라지만 중요한 건 열 개밖에 안 되고, 그중에서도 중요한 건 여섯 개란다. 유가, 도가, 음양가, 법가, 명가, 묵가, 이렇게 여섯. 나머지는 알 필요도 없어. 다 이 여섯에서 갈라져 나왔거나 시시한 소리들만 하고 있거든"

지누는 문득 아까 시장에서 본 병법가와 학식가 사람들이 기억나 물어봤다.

"아까 그 사람들은요? 그 사람들도 백가 중 하나인가요?"

"그것들은 백가에 끼지도 못하는 것들이란다. 인정해 주지도 않는데 제 잘난 척을 하느라 병법가니 학식가니 하는 것이지. 자, 이야기는 그만하고 가자꾸나. 시간이 아깝다"

제자백가 |諸子百家|

모든 제(諸), 아들 자(子), 일백 백(百), 집 가(家).
여러 선생님들과 갖가지 학파를 말함.

손자 가라사대, 적을 알고 나를 알면 백 번 싸워도 위태롭지 않다

"첫 번째로 만날 사람은 공자야. 그러니까 유가를 찾아가는 거라고 할 수 있지. 공자가 바로 유가를 창시한 사람이거든."

노인과 지누는 성을 나와 사방에 논과 밭만 보이는 곳을 걸어가고 있었다. 길은 도로처럼 넓고 일직선으로 뻗어 있었다. 길 양쪽으로는 네모반듯하게 논과 밭이 펼쳐져 있었다. 집은 논밭 가운데에 있는데, 집 앞에는 작은 연못, 혹은 저수지 같은 것이 있고, 집집마다 긴 뿔이 난 검은 소가 있었다. 한국의 소와는 어딘지 달라 보였다. 황소라기보다는 물소에 가까운 느낌.

이런 풍경이 눈이 닿는 곳 어디든지 끝도 없이 이어졌다. 나중엔 거기가 거기 같아서 이 동네 사람들은 자기 집을 어떻게 알아보나 궁금할 정도였다. 자꾸 보다 보니, 사실은 보기 싫어도 계속 보이니까 알게 된 것은 사각형의 논밭이 가로로 셋, 세로로 셋 해서 총 아홉 개로 큰 사각형을 만든 그 가운데에 집이 있는 방식으로 꾸며졌다는 것이다. 그러니까 작은 사각형이 논밭과 집이라면 그런 게 아홉 개 모여 큰 사각형을 이루고, 다시 이런 큰 사각형 아홉 개가 모여 더 큰 사각형을 이루고, 또 그게 모여서 아주 큰 사각형을 만들고……. 생각하다 보니 어지러워져서 넘어질 지경이었다.

"저기가 곡부다. 공자가 사는 곳이지. 이제 곧 그가 제자들을 가르치는 걸 볼 수 있을 게다."

노인이 먼 곳을 가리키며 말했다. 거기에는 작은 언덕이 있고, 언덕 위에는 큰 나무들이 병풍처럼 늘어선 앞에 담장으로 둘러싸인 여러 채의 집들이 있었다.

"공자는 젊었을 때는 제자들과 함께 천하를 돌아다니며 세상을 다스릴 기회를 얻으려 했었지. 하지만 어디서도 그런 자리를 주지 않았기 때문에 나이 들어서는 포기하고 저기 머물며 제자들을 가르치고 있단다."

"제자들이 많나요?"

"수천 명이 넘지."

"와, 그렇게 많아요? 우리 학교 학생만큼 많네. 근데 저렇게 좁은 곳에서 다 배워요?"

노인은 이상하다는 듯 지누를 보았다.

"너도 어느 학파 출신이냐? 그런 말한 적 없잖아. 그리고 수천의 제자를 두었으면 그 학파도 아주 유명한 곳일 텐데, 그게 어디냐?"

"무슨 학파가 아니라 학교예요. 그리고 학생 수가 수천 명이 안 되는 곳 있나요 뭐. 시골 분교도 아니고."

노인은 통 이해할 수 없다는 눈치였다. 지누는 설명을 하려다 말고 이곳이 어딘지 생각하고 입을 다물어 버렸다. 말해 봤자 알 리가 없지 않은가. 이곳은 지누가 읽은 책 속 세상이다. 그리고 이 노인은 그 책 속에 있는 사람이다. 아, 그런데 내 책은 어디 있지?

지누가 책 속 세상을 여행할 때는 늘 책의 분신이 도움을 줬었다. 애지와 책, 그 둘이 책 속 여행의 안내자이고 집으로 돌아가는 문을 여는 열쇠였다. 그런데 지금 애지는 진왕이라는 악당에게 잡혀갔고 책은 보이지 않는다. 지누는 혼자라는 생각에 기운이 빠졌다. 갑자기 쓸쓸함이 밀려왔다. 슬쩍 눈물까지 나려고 그런다.

노인이 말했다.

"뭐 공자와 유가는 제자백가 중에서도 선두를 차지하고 있는 선생님이고 학파지. 그러니 평생 길러낸 제자가 수천 명이 넘는 건 당연한 거야. 그 가운데서도 일흔 두 명이 유명한데 자로, 자공, 안연……, 뭐 일일이 꼽자면 입이 아프지. 하지만 그 제자들은 대개 어딘가의 관리로 발탁되어 나갔을 테니까 지금 여기엔 몇 남아 있지 않을 거다."

"아, 그런 거였어요? 어쩐지……. 집이 아무리 넓어도 수천 명씩

제자백가를 격파하라

이나 있을 순 없죠. 십여 명이면 몰라도."

"십여 명은 넘을 게다."

"그나저나 정말 중요한 걸 말씀해 주지 않으셨어요."

"그게 뭔데?"

"제가 저길 왜 가야 하는 거죠? 공자님 제자가 되고 싶은 것도 아닌데."

"제자가 되면 안 되지. 넌 음……, 아니다."

뭔가 곤란한 표정이 되더니 노인은 얼른 말을 돌린다.

"넌 공자와 그 제자들, 그리고 유가를 격파하기 위해 정탐을 온 거야. 그러니 우린 공자의 제자가 되기 위해서가 아니라 멀리서 소문을 듣고 찾아온 손님으로 행세해야 해."

"왜 공자님을 정탐해야 하는데요?"

노인은 답답하다는 듯 가슴을 두들기더니 말했다.

"넌 지피지기(知彼知己)면 백전불태(百戰不殆)라는 이야기도 못 들어 봤냐?"

"처음 듣는데요."

"제자백가 중 하나인 병가의 손자가 말했지. 지피지기면 백전불태, 즉 적을 알고 나를 알면 백 번 싸워도 위태롭지 않다, 이 말이야."

지누가 반갑게 손뼉을 쳤다.

"아, 그 말은 들어 본 것 같아요. 근데 쉽게 말씀 안 하시고 지피지기 뭐라고 어렵게 하시니까 못 알아들었잖아요."

노인은 한숨을 쉬었다.

"후, 네가 아직 무식하다는 걸 깜빡 잊은 내 잘못이다. 그나저나 그 말대로야. 우린 제자백가 논변대회에서 우승해야 하고, 그러려면 거기 참가할 유력 학파에 대해 사전 조사를 해야 한다는 거지. 그게 바로 지씌시기, 아니 적을 알고 나를 알면 백 번 싸워도 위태롭지 않다는 말대로 하는 거라는 거다."

지누는 고개를 저었다.

"저기 제가 말이죠. 적은 모르겠지만 저는 아는데요. 어느 학파건 제가 이긴다는 것은 무리인 것 같아요. 제가 뭘 아는 게 있어야죠."

"그러니까 지금부터 알아보자는 거지. 시간 낭비하지 말고 얼른 가자!"

노인은 더 이상 말할 틈을 주지 않고 지누의 팔을 잡아당겼다.

손자 | 孫子, ? ~ ? |

중국 춘추전국시대의 전략가. 오왕 합려를 섬겨 절제·규율 있는 육군을 조직했다고 하며 합려가 패자가 되게 했다고 한다. 그가 서술했다는 병서 《손자》는 단순한 작전서가 아니라 국가 경영의 요지, 승패의 기미, 인사의 성패 등의 내용을 다룬 책이다.

지피지기, 백전불태 | 知彼知己, 百戰不殆 |

알 지(知), 너 피(彼), 알 지(知), 자기 기(己), 일백 백(百), 싸울 전(戰), 아닐 불(不), 위태할 태(殆). 적을 알고 나를 알면 백 번 싸워도 위태롭지 않다.

제자백가를 격파하라

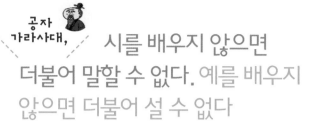

시를 배우지 않으면 더불어 말할 수 없다. 예를 배우지 않으면 더불어 설 수 없다

공자가 살며 제자를 가르친다는 집의 대문에는 한자로 된 간판, 아니 편액이 걸려 있었다. 거기 이렇게 적혀 있었다.

不詩詩 無以言 不學禮 無以立

당연히 지누의 눈은 골뱅이처럼 되었다. @_@

아는 글자가 몇 개 있기는 했지만 모르는 글자가 더 많아서 어떻게 읽는지, 무슨 뜻인지 도통 알 수가 없었다. 또 노인이 물어보면 모른다고 대답할 수밖에 없고, 그러면 노인은 한숨을 내쉬고 들이쉬며 무식한 촌놈 운운할 것이다. 그게 싫어서 미리 모른다고 하려는데 다행히 노인이 시를 읊듯 천천히 글자를 읽었다.

"불학시, 무이언, 불학례, 무이립. 시를 배우지 않으면 더불어 말할 수 없다. 예를 배우지 않으면 더불어 설 수 없다. 참 좋은 말씀이다. 내가 공자를 좋아하지는 않지만 저런 말은 참으로 훌륭하다고 아니할 수 없어."

"그게 무슨 뜻인데요?"

말해 놓고서 지누는 속으로 아차 했다. 곧 벌어질 일을 짐작할 수 있었기 때문이다. 과연 노인이 침을 튀기며 떠들기 시작했다.

"시는 언어의 최고봉이야. 세상과 인간에 대해 깊이 알지 못하면 시를 쓸 수도, 그걸 아름답다고 여길 수도 없는 거야. 그러니 시를 모르면 제대로 된 말을 할 수 없는 것이지. 제대로 된 말을 할 수 없는 사람과 어떻게 대화를 하겠니. 예라는 건 세상을 살아가는 방법 그 자체야. 나아가야 할 때와 물러날 때를 알고 밥을 먹고 자는 그 모든 것이 격식에 맞아야 한다는 것이지. 그걸 모르는 사람, 울어야 할 때 웃고, 웃어야 할 때 우는 사람과 어떻게 같이 살아갈 수 있겠니. 저기에는 고사가 있단다."

고사라면 옛날이야기 아닌가. 이건 좀 재미있겠다 생각이 들어 지누는 귀를 쫑긋 세웠다.

"공자가 하루는 뜰에 홀로 서 있는데 아들이 그 앞을 지나가더라는 거야. 그때 공자가 아들을 불러 세워 묻기를 '시를 배웠느냐?' 하니까 아들이 '아직 배우지 못하였습니다.'라고 대답하더라는 거지. 그러니까 공자가 '시를 배우지 않으면 더불어 말할 수 없다.'고 했다는 거야. 그래서 아들이 시를 배우기 시작했대. 또 하루는 뜰에 서 있는데 아들이 지나가자 묻기를 '예를 배웠느냐?' 하니 '아직 배우지 못하였습니다.'라는 대답이 돌아왔다지. 그래서 '예를 배우지 않으면 더불어 설 수 없다.'고 하니 아들이 예를 배웠다는 거야. 어떠냐, 감동적인 이야기 아니냐?"

제자백가를 격파하라

　뭐야, 아버지가 아들에게 공부하라고 잔소리한 이야기잖아. 뭐가 감동적이라는 말이야?

　생각만 했을 뿐 말하지도 않았는데 노인은 지누의 표정을 읽었는지 혀를 쯧쯧 차더니 훈계하듯 말했다.

　"어떤 아버지건 자식이 제대로 된 사람이 되기를 바라는 거야. 세상이 다 알아주는 큰 스승인 공자도 거기에서 예외가 아니었던 거지. 그래서 자식이 제대로 된 사람이 되기 위해 갖추어야 할 가장 중요한 두 가지를 공부하도록 했다는 건데, 그 가장 중요한 것이 바로 시와 예, 즉 말하는 법과 사는 법이라는 게 이 이야기의 교훈이라는 거란다. 아무 아버지나 이렇게 말할 수 있는 게 아니고, 아무 선생님이나 이렇게 가르쳐 줄 수 있는 게 아니지. 감동은 거기에 있단다."

그래도 시시하다고 지누는 생각했다. '고운 말을 써라. 예의 바르게 행동해라.'라는 이야기는 아버지한테서 수없이 듣던 말 아닌가. 결국 공자도 다른 아버지나 다름없는 잔소리를 한다는 이야기에 불과하지 않은가. 아니, 어쩌면 세상 모든 아버지들이 하는 저 잔소리를 처음 시작한 게 공자인지도 모르겠다. 그럼 공자는 잔소리의 대마왕인지도 모른다.

생각에 잠긴 지누를 보며 노인은 다시 혀를 찼다.

"모르면 하는 수 없고. 자, 얼른 들어가서 공자나 만나 보자. 얼굴을 보며 직접 이야기를 들어 보면 너도 조금은 배우는 게 있을지도 모르지. 무엇보다 공자는 배우는 걸 강조하는 사람이니까 가르치는 데도 특별한 재주가 있을지 모르는 일이잖니."

불학시, 무이언, 불학례, 무이립 | 不學詩, 無以言, 不學禮, 無以立 |
아닐 불(不), 배울 학(學), 시 시(詩), 없을 무(無), 써 이(以), 말씀 언(言),
아닐 불(不), 배울 학(學), 예도 례(禮), 없을 무(無), 써 이(以), 설 립(立).
시를 배우지 않으면 더불어 말할 수 없다. 예를 배우지 않으면 더불어 설수 없다.

제자백가를 격파하라

배우고 때에 맞춰 익히면
즐겁지 아니하냐

문간에서 이름과 찾아온 용건을 말하자 수위 아저씨처럼 문간을
지키던 사람은 지나가던 청년을 불러 안으로 안내하게 했다. 지누
와 노인은 안내인을 따라 안으로 들어갔다. 넓은 뜰을 지나자 방
들이 나란히 붙은 긴 사각형의 건물이 보였는데 방 안에는 혼자
앉아서 혹은 여럿이 함께 앉아 책을 읽고 있었다.

여럿이 모인 방에서는 무언가를 열심히
토론하고 있기도 했다. 어디를 가도
그런 식이었다. 사람들은 책을 읽거
나, 대화를 나누고 있었다. 잡담을
하는 게 아니라 토론하고 있다는

것은 그들의 진지한 태도에서 잘 알 수 있었다.

어, 그런데 책이 좀 이상하다. 작은 책상 위에 뭘 두고 소리 내어 읽고 있어서 그냥 책을 읽나 보다 했는데 그 책의 모양이 아주 이상했다. 종이로 만든 책이 아니다. 사극에서 흔히 보는 두루마리 책도 아니다. 여기 사람들이 읽는 책은 돗자리처럼 가늘고 긴 나무판들을 줄줄이 엮은 것이었다.

문득 지누는 자신이 이곳에 떨어지면서부터 가지고 있던 돗자리가 생각났다. 그것은 아직도 허리춤에 매달려 있었다. 풀어서 펼쳐 보았고 지누는 자기 눈을 의심했다.

돗자리는 과연 책이었다. 얇고 가늘고 긴 대나무 판을 가죽 끈으로 이어서 긴 두루마리로 만든 게 책의 정체였다. 대나무 판에는 관광지에서 흔히 보듯이 불로 그을려서 쓴 글씨가 새겨져 있었다. 대나무에 인두로 그림이나 글씨를 쓰는 그거 말이다. 이 정도에서 그쳤다면 지누가 그렇게 놀라지는 않았을 것이다. 내용이 문제였다.

제자백가를 격파하라

이게 제목이었다.

00. 지누 가라사대, 아무리 이상한 일도 여러 번 겪다 보면 적응이 되게 마련이다.

이건 장 제목 같았다. 그 아래로 내용이 시작되었다. 이렇게.

지누는 그날도 삼촌의 서재에서 책을 읽다가 깜빡 잠이 들었다. 그렇다고 지누가 책만 보면 베개 삼으려고 드는 아이는 아니다! 전에는 물론 책보다 게임을 더 좋아했지만, 요즘은 또래 친구들에 비하면 그야말로 책벌레라고 해도 좋을 정도로 책과 친해졌다.

이게 도대체 무슨 일일까. 이건 꼭 지누가 겪은 일을 써 놓은 것 같지 않은가. 지누는 혹시나 하고 뒤로 휙휙 넘겨 보았다. 아니, 주루룩 펼쳤다.

"자왈, 지지위지지, 부지위부지, 시지야."

머리를 감싸는 지누를 향해 노인은 아까 한 그 뜻 모를 소리를 다시 지저귀는 것이었다.
"공자 가라사대, 아는 것을 안다고 하고 모르는 것을 모른다고 하는 것, 이것이 아는 것이다. 이게 바로 만두 한 개와 바꾼 성현의 가르침이야. 그 말씀에 따르자면 넌 뭐가 뭔지 하나도 모른다는 그 무지를 인정했으니 그것이야말로 진정 앎의 시작이 아니겠느냐. 저 병법가나 학식가 사람보다도 네가 못할 게 없지."

"알쏭달쏭한 말씀 그만하시고, 여기가 어떤 나라인지 이야기나 해 주세요. 전 뭐가 뭔지 성신이 하나도 없다고요!"

이건 분명 아까 전 시장통에서 노인과 지누가 나누었던 대화다. 지누는 뒤를 더 펼쳐 보았다. 여기 오기까지 있었던 일들, 했던 말들이 그대로 씌어져 있었다. 그리고 마지막은 이렇게 되어 있었다.

그리고 마지막은 이렇게 되어 있었다.

그 뒤는 공백이었다. 아직 아무것도 써 있지 않은 백지, 아니 빈 대나무 판들이 이어져 있었다. 아니, 이것도 정확한 사실은 아니다. 그 사이에도 빈 대나무 판에는 '빈 대나무 판에는'이라는 식으로 글자가 나타나고 있었다. 컴퓨터 모니터 화면에 글자가 차례로 떠오르듯. 보고 있는 동안에도 '글자가 차례로 떠오르듯. 보고 있는 동안에도'라고 글씨가 떠오르고 있었다. '있었다.'

지누는 어지러워져서 책을 덮었다. 아니, 감았다. 이제 뭐가 뭔지 알 수 있었다. 알면 알수록 더 모르는 게 많아진다는 게 문제였지만. 이건 책이다. 지누를 그린, 지누의 이번 여행을 그린 책이다. 단지 완결된 책이 아니라 보고서처럼 계속해서 씌어지고 있는 책

제자백가를 격파하라

이다. 여행이 끝나면 책도 끝날 것이다. 거기까지는 알겠다. 그런데 왜 이런 책이 지누를 따라왔는지는 알 수 없었다.

지금까지 두 번의 여행을 했다. 그리고 그땐 어떤 식으로건 책이 여행에 도움을 주었다. 이번 책은 대체 어떤 식으로 도움을 줄지 알 수 없었다.

노인은 지누가 책을 보는 동안 신기한 듯 이곳저곳을 바라보고 있다가 지누를 보고는 눈을 빛냈다.

"음? 너도 책읽기를 좋아하느냐?"

지누는 고개를 끄덕였다. 전에는 아니었지만 요즘은 좋아한다. 하지만 이런 식을 말하는 건 아니다. 뭔가 알려 주는 게 아니라 혼란만 더하고 있지 않은가.

노인은 이번에는 지누의 마음을 못 읽고는 그저 기꺼운 듯 고개를 끄덕거리며 말했다.

"그럼 여기서도 배울 게 많을 거다. 봐라. 다들 책을 읽으며 공부를 하고 있잖니. 공자가 바로 공부를 좋아하는 사람이라서 그 제자들도 그런 거지. 학이시습지(學而詩習之) 불역열호(不亦說乎)라고 하지 않니. 공자 가라사대, 배우고 때에 맞춰 익히면 즐겁지 아니하냐라는 거지. 공자는 또 '나보다 훌륭한 사람은 많을지 모르나 나만큼 배우기를 좋아하는 사람은 없다.'고도 했단다."

"'공부가 제일 쉬웠어요'라는 말 같네요. 공자님은 알고 보면 범생이인가 봐요. 공부만 하는 범생이."

"응? 범생이가 뭐냐?"

"음……."

또 실수했다. 모범생의 줄임말, 혹은 낮춤말이라고 할까? '공부 열심히 하는 아이'라는 뜻보다는 '공부밖에 할 줄 모르는 녀석'이라는 뜻으로 하는 말이니까. 하지만 이런 걸 이 할아버지가 알 리 없다. 지누는 대충 얼버무렸다.

"착하고 공부 열심히 하는 사람이라는 뜻이에요."

노인은 고개를 끄덕였다.

"딱 공자를 두고 하는 말이네."

학이시습지, 불역열호 | 學而詩習之, 不亦說乎 |

배울 학(學), 말 이을 이(而), 때 시(詩), 익힐 습(習), 갈 지(之), 아닐 불(不), 또 역(亦), 기쁠 열(說), 어조사 호(乎). 배우고 때에 맞춰 익히면 즐겁지 아니하냐.

제자백가를 격파하라

공자
가라사대,

배우되 생각하지 아니하면 어둡고, 생각하되 배우지 아니하면 위태롭다

할아버지가 틀렸다. '착하고 공부 열심히 하는 사람'이라는 말은 맞을지 모르지만 모범생은 전혀 아닌 것 같았다. 안내를 받아 가서 만난 공자님은 거대한 체구에 엄한 인상으로 늙었지만 학자라기보다는 장군이나 왕 같은 인상이었고, 좌우에는 칼을 허리에 찬 장군 같은 사람들이 호위하고 있었다. 공자님이라면 책을 끼고 사는 야위고 눈이 나쁜 노인일 거라고 막연히 상상하고 있던 지누는 자신의 생각이 틀렸다는 걸 알았다.

"그래, 여긴 어찌 오셨소?"

공자가 질문했다. 엄한 인상과는 딴판으로 부드러운 목소리와 말투였다. 노인은 반대로 카랑카랑한 목소리로 대답했다.

"그냥 지나가다 여기 유명한 사람이 있다기에 들렀을 뿐이오. 뭐, 모르지. 혹시 뭐 한두 가지 배워 갈 게 있을지도 모르겠다고 생각하기도 했고."

지누가 듣기에도 매우 무례한 말투인데 공자는 화를 내지 않았다.

"삼인행(三人行) 필유아사(必有我師), 세 사람이 길을 가면 그중에는 반드시 내 스승이 있으니……, 여기서도 뭔가 배워 가실 수도 있겠지요. 그래 여기 어린 손님은 무얼 배우고 싶으신가?"

지누에게 묻는 것이다. 지누는 깜짝 놀라고 당황했다. 뭘 배우고 싶냐고? 그런 생각은 안 해 봤는데……. 하지만 지누는 곧 머리를 굴려서 적당한 내답을 생각해 냈다. 얼른 꾸민 티가 안 나는 것으로. 쉽게 대답할 수 없는 것으로.

"배움 자체에 대해서요. 그러니까 배우는 데 있어서 제일 주의해야 하는 게 뭔가요?"

공자는 눈썹을 찡끗 올렸다. 그러고는 주위를 둘러보며 말했다.

"보아라. 이 어린 손님이 참으로 중요한 것을 지적하지 않았느냐"

그는 지누를 향해 다시 시선을 돌리고는 말했다.

"학이불사즉망(學而不思則罔)이고, 사이불학즉태(思而不學則殆)라는 걸 명심하거라."

노인이 작은 소리로 해석해 주었다.

"배우되 생각하지 아니하면 어둡고, 생각하되 배우지 아니하면 위태롭다는 뜻이야. 알아듣겠니?"

지누는 고개를 갸우뚱했다.

"알쏭달쏭해요."

어려운 말은 하나도 없었다. 하지만 뜻을 이해할 수 없었다. 배우는 것과 생각하는 것……, 뭐가 다른 거지? 뭐가 어떻다는 거지?

"책에 있는 말씀들을 배우기만 하고 그걸 네 삶과 너를 둘러싼

제자백가를 격파하라

세상에 맞추어 생각해 보지 않으면 아무것도 배우지 않은 것과 같
단다."

공자가 말하고 있었다. 변함없이 부드럽고 상냥한 말투로.

"당장 와 닿지 않는 것들도 있겠지. 하지만 어떤 상황이 오면,
혹은 나이가 더 들면 책 속에서 배운 말씀이 실제 우리 삶에 적용
되는 때가 올 게다. 그때 아하, 이런 이야기였구나, 이런 뜻이었구
나 하고 알게 되는 것이지. '학이시습지', 즉 '배우고 때에 맞춰 익
힌다.'는 것이 바로 이 이야기란다."

아, 그런 뜻이었구나.

그야말로 지누는 뜻을 깨닫고 고개를 끄덕였다. 공자가 계속 말

했다.

"생각만 하고 배우지 않으면 위태롭지. 위태롭고말고. 혼자 생각에만 빠져 잘못된 길로 갈 위험이 있지 않으냐. 먼저 그 길을 간 성현들의 말씀을 공부하면 그럴 위험이 없단다. '사이불학즉태'란 그런 뜻이란다. 이제 알겠느냐?"

지누는 열심히 고개를 끄덕였다. 그러고는 허리를 굽히고 머리를 숙여 인사하며 말했다.

"명심하고 잊지 않겠습니다."

"그래, 그래."

공자가 수염을 쓰다듬으며 웃는 것을 보며 지누는 그 앞을 물러나 밖으로 나왔다. 노인과 함께.

삼인행, 필유아사 | 三人行, 必有我師 |

석 삼(三), 사람 인(人), 갈 행(行), 반드시 필(必), 있을 유(有), 나 아(我), 스승 사(師). 세 사람이 길을 가면 그중에는 반드시 내 스승이 있다.

학이불사즉망, 사이불학즉태
| 學而不思則罔, 思而不學則殆 |

배울 학(學), 말 이을 이(而), 아닐 불(不), 생각 사(思), 곧 즉(則), 그물 망(罔), 생각 사(思), 말 이을 이(而), 아닐 불(不), 배울 학(學), 곧 즉(則), 위태할 태(殆). 배우되 생각하지 아니하면 어둡고, 생각하되 배우지 아니하면 위태롭다.

제자백가를 격파하라

불쌍히 여기는 마음이 어짊의
시작이고, 부끄러움을 아는 마음이
옳음의 시작이고, 사양하는 마음이
예절의 시작이고, 옳고 그름을 아는
마음이 지혜의 시작이다

밖으로 나와서 지누가 물었다.

"왜 그렇게 빨리 나왔어요? 참 친절하고 알기 쉽게 가르쳐 주시
던데."

노인이 자꾸 잡아당겨 하는 수 없이 밖으로 나온 지누가 물었
다. 그러자 노인이 고개를 저으며 말했다.

"공자의 가르침은 참으로 넓고 높고 깊어서 몇날 며칠을 배워도
다 배울 수가 없지. 언제까지나 그 앞에 있을 수는 없잖느냐. 그냥
여기를 산책 삼아 돌아다니면서 제자들에게 얻어듣는 게 나을 게
다."

말은 그렇게 하지만 더러운 소맷자락으로 이마에 흐르는 땀을
닦는 것을 보면 공자 앞에서 무척 긴장하고 있었던 게 분명해 보였
다. 뭐 배울 게 있겠냐며 무례하게 굴었던 게 알고 보면 허세였던
것이다.

노인은 그걸 감추려는 듯 헛기침을 험험 하면서 뒷짐을 지고 어슬렁어슬렁 걸어갔다. 별 수 없이 지누도 그 뒤를 따랐다. 두 사람은 공자의 집 이곳저곳을 기웃거렸다. 한 방에서 큰 목소리가 튀어나왔다.

"인간의 본성은 선하지도 악하지도 않다. 본성은 소용돌이치며 급하게 흐르는 물과 같다. 그것을 동쪽으로 터놓으면 동쪽으로 흐르고 서쪽으로 터놓으면 서쪽으로 흐르니, 사람의 본성에 선하고 선하지 않음의 구분이 없는 것은 마치 물에 동과 서의 구분이 없는 것과 같다."

"인간의 본성은 악하다. 사람의 성품은 태어나면서부터 이익을 좋아하니, 이를 따르므로 쟁탈이 생기고 사양함이 없어진다. 태어나면서부터 미워함이 있으니, 이를 따르므로 남을 해치는 일이 생기고 충성과 믿음이 없어진다. 태어나면서부터 눈과 귀의 욕구가 있어서 소리와 빛깔을 좋아하니, 이를 따르므로 음란한 일이 생기고 예의와 조리가 없어진다. 그렇다면 사람의 성질을 놓아두고 하고 싶은 그대로 하게 놓아두면 반드시 서로 다투어 신분과 명분을 어기고 사회질서를 파괴하며 폭동을 일으키게 된다. 이로씨 보건대 사람의 성품이 악하다는 것이 분명하다."

"인간의 본성은 선한 것이다. 사람은 누구나 차마 하지 못하는 마음을 가지고 있다. 그 까닭은 이러하다. 사람들이 어린아이가 막 우물에 빠지는 것을 보면, 다 놀라고 불쌍한 마음을 가진다. 이는 그 어린아이의 부모와 사귀려 함도 아니고, 마을 사람들과 벗

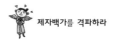
제자백가를 격파하라

들에게 칭찬을 받기 위하여 그러는 것도 아니며, 그 원성을 듣기 싫어서 그렇게 하는 것도 아니다. 본성이 그렇게 시키는 것이다."

열린 방문으로 들여다보니 세 사람이 둘러앉아 열띤 토론을 벌이고 있었다. 들은 대로라면 사람의 본성이 선한지, 악한지, 그도 아니고 선하지도 악하지도 않은지를 두고 싸우는 듯했다. 노인이 속삭였다.

"고자, 순자, 맹자군. 사람의 본성은 선하지도 악하지도 않다고 주장하는 게 고자, 악하다고 주장하는 사람이 순자, 마지막으로 사람의 본성은 선하다고 주장하는 사람이 맹자야. 예전부터 셋이 저걸 두고 첨예하게 대립해서 만나기만 하면 싸운다더니 정말이었군. 알아보겠느냐?"

말소리만 들었으니 누가 누군지 알 수 없었지만 마침 맹자라고 불린 사람이 말을 시작하고 있었다.

"불쌍히 여기는 마음이 없으면 사람이 아니고, 부끄러운 마음이 없으면 사람이 아니며, 사양하는 마음이 없으면 사람이 아니며, 옳고 그름을 아는 마음이 없으면 사람이 아니다. 불쌍히 여기는 마음은 어짊의 시작이고, 부끄러움을 아는 마음은 옳음의 시작이고, 사양하는 마음은 예절의 시작이고, 옳고 그름을 아는 마음은 지혜의 시작이다. 이 측은(惻隱), 수오(羞惡), 사양(辭讓), 시비(是非)의 마음이 있고, 이로부터 비롯된 인(仁), 의(義), 예(禮), 지(智)의 네 덕목이 있으니 어찌 인간의 본성이 선하다고 하지 않겠는가."

말 참 딱딱하게 한다. 책 속에서라면 몰라도 실제로 이런 식으로 말하는 사람을 지누는 만난 적이 없었다. 하지만 맹자의 말을 맞받아치는 순자의 말투도 만만치 않았다.

"인의예지의 덕목들은 본성에 원래 있던 것이 아니라 필요에 의해 만들어진 것이다. 사람들은 태어나면서부터 욕구가 있는데 욕구하여 얻어지지 아니하면 추구하지 아니할 수 없고, 추구하되 일정한 한도와 한계가 없으면 다투지 않을 수 없다. 다투게 되면 혼란하게 되고 혼란하게 되면 어렵게 된다. 선왕이 그러한 혼란을 싫어하였기 때문에 예를 제정하여 등급을 나누고, 사람들의 욕구를 조절하여 사람들의 요구를 만족시키고자 하였다. 욕구로 하여금 물자가 부족하여 만족을 얻지 못하는 데 이르지 않게 하고, 물자로 하여금 사람들의 욕구에 의해 고갈되지 않게 하여, 물자와 욕구가 서로 제약되도록 하여 오래도록 어울리게 하려는 것이니, 이것이 예가 기원한 이유이다. 나머지도 이와 같다."

세 번째 사람, 그러니까 고자로 불린 사람이 말했다.

"선생님도 말씀하셨다. 성상근야(性相近也) 습상원야(習相遠也), 본성은 서로 비슷하지만 배우고 익히는 것에 따라 서로 멀어진다라고. 그러므로 본성에는 선하고 악하고가 없는 것이다."

순자가 말했다.

"선생님 말씀은 옳다. 본성은 서로 비슷하다. 즉 본성은 원래 악하다. 그러므로 바른 교육으로 선하게 이끌어야 하는 것이다."

맹자가 말했다.

"나 역시 선생님 말씀이 옳다고 본다. 본성은 서로 비슷하다. 그 본성은 선하다. 바른 교육은 선한 본성이 악으로 물들지 않도록 하기 위해 필요한 것이다."

노인이 속삭였다.

"더 들을 필요 없겠다. 가자."

그들은 맹자, 순자, 고자가 토론하는 자리를 떠났다.

사단 | 四端 |

유학(儒學)에서 인간의 본성을 가리키는 말이다. 맹자는 인간이 본래부터 선한 마음을 가지고 있다고 주장하며 측은지심(惻隱之心), 수오지심(羞惡之心), 사양지심(辭讓之心), 시비지심(是非之心)의 네 마음을 각각 인(仁), 의(義), 예(禮), 지(智)의 단서(端緖)로 보았다.

측은지심(惻隱之心) 어려움에 처한 사람을 애처롭게 여기는 마음.
수오지심(羞惡之心) 나쁜 것을 멀리하려는 마음.
사양지심(辭讓之心) 남을 배려하여 양보하는 마음.
시비지심(是非之心) 옳고 그름을 판단할 줄 아는 마음.

성상근야, 습상원야 | 性相近也, 智相遠也 |

성품 성(性), 서로 상(相), 가까울 근(近), 어조사 야(也), 익힐 습(智), 서로 상(相), 멀 원(遠), 어조사 야(也). 본성은 서로 비슷하지만 배우고 익히는 것에 따라 서로 멀어진다.

제자백가를 격파하라

맹자 가라사대, 힘으로 인을 사칭하는 것은 패도이다. 덕으로 인을 행하는 것은 왕도이다

지누의 표정이 안 좋았나 보다. 노인이 물었다.

"표정이 왜 그러냐? 대학자들이 어린애들처럼 자기 생각만 우기며 싸우는 걸 보고 실망하기라도 했느냐?"

"그게 아니라……."

사실 그런 면이 아주 없지는 않았지만 지누의 기분이 안 좋은 것에는 다른 이유가 더 컸다. 노인이 지레짐작으로 물었다.

"그럼 무슨 말을 하는지 이해하기 어려워서?"

"아니……."

그것도 아니다. 이해하기 좀 어렵기는 했지만 간단하게 말하면 인간, 즉 사람의 본성이 선하냐 아니냐를 말한 것 아닌가. 과연 무엇이 진리인지 알 수는 없지만.

"그런 게 천하를 다스리는 방법과 무슨 상관이 있는지 모르겠어서 그래요. 우린 제자백가 논변대회에서 우승해야 하잖아요. 여기 유가의 선생님들도 그러려고 할 테고. 그런데 어차피 증명도 되지 않을 인간의 본성 따위를 따지고 앉아 있는 게 무슨 도움이 되겠어요."

"터무니없는 소리를 하는구나!"

노인은 화를 내는 게 아니라 정말 깜짝 놀란 것 같았다. 눈을 동그랗게 뜨고 지누를 똑바로 바라보며 말하는 게 아닌가.

"천하를 다스린다지만 사람이 날아가는 새와 물속의 물고기를 다스리는 것은 아니지. 그러니 천하를 다스린다는 건 곧 사람을 다스린다는 뜻이 아니겠냐. 그럼 사람의 본성을 이해한다는 게 더없이 중요하고말고. 사람의 본성도 모르고 어떻게 사람을 다스릴 수 있겠냐 말이다. 사람의 본성이 어떻다고 규정하는 것에 따라서 다스리는 방식도 달라지는 거다. 이를테면……."

노인은 침을 꿀꺽 삼킨 뒤 계속 말했다.

"내가 알기로 맹자는 왕도정치를 주장하고 있어. 왕도정치가 가능한 건 사람의 본성이 선하기 때문이라는 게 맹자의 주장이지. 사람은 모두 본성이 착하기 때문에 그 마음을 확대해 나가면 인의예지라는 네 가지 덕을 완성하게 된다는 거야. 왕 역시 사람이니까 당연히 본성이 착할 것이다. 그러니까 왕도 선한 정치를 펼치려 할 것이고, 그게 곧 왕도정치라는 것이지."

그때 다른 사람의 목소리가 들려왔다.

"노인 말씀이 얼추 옳소. 사람은 다 다른 사람에게 차마 못하는 마음이 있소. 왕이 먼저 백성에게 차마 못하는 마음이 있으면, 백성에게 차마 못하는 정치가 있소. 백성에게 차마 못하는 정치를 행하면 천하 다스리기를 손바닥 안에서 움직일 수 있는 것이니 이것이 곧 왕도정치요."

제자백가를 격파하라

맹자였다. 어느새 밖
에 나와서 두 사람의 대
화를 듣고 있었던 것이다.

"이력가인자패(以力假
仁者覇), 이덕행인자왕(以
德行仁者王). 힘으로 인을 사칭하는 것은 패도요, 덕으로 인을 행하
는 것은 왕도이니……. 힘으로 사람을 복종시키면 그것은 마음으
로 복종하는 것이 아니라 힘에 부쳐 하는 것이요, 덕으로 사람을
복종시키면 그것은 속마음이 즐거워서 진실로 복종하는 것이다."

또 나왔다. 그 딱딱한 말투. 내용보다 말투가 거슬려서 알아듣기
어려웠다. 하여간 패도정치와 왕도정치라는 것을 비교해서 말하는
것은 알겠다. 맹자가 왕도정치를 해야 한다고 주장하는 것도. 그리
고 그 배경에는 인간의 본성이 선하다고 보는 이론이 있다는 것도.

그래서 지누는 질문했다.

"그럼 순자 선생님이 패도정치를 주장하신다는 건가요? 힘으로 사람을 복종시키려고 하는?"

맹자는 갑자기 수염을 쓰다듬으며 말을 얼버무렸다.

"글쎄? 그건 그 사람에게 물어볼 일이지."

노인이 나섰다.

"그렇게까지야 주장하지 않았지만 그렇게 될 위험성이 있지. 기본적으로 악한 본성을 억누를 필요가 있다고 하고 있으니까."

노인이 뭔가 길게 설명을 늘어놓을 눈치였다. 맹자는 남 이야기, 그러니까 순자 이야기를 하고 싶지 않은 눈치였다. 지누는 물론 긴 설명 같은 건 듣고 싶지 않았다. 정말 다행스럽게도 그때 저택 밖에서 소동이 벌어졌다. 노인은 설명을 할 수 없게 되었고, 맹자는 남 이야기를 안 하게 되었고, 지누는 긴 설명을 듣지 않아도 되었다.

"도적이다! 도적들이 쳐들어왔다!"

밖에서 고함 소리가 들려왔다.

이력가인자패, 이덕행인자왕 | 以力假仁者覇, 以德行仁者王 |
써 이(以), 힘 력(力), 거짓 가(假), 어질 인(仁), 놈 자(者), 으뜸 패(覇), 써 이(以), 덕 덕(德), 갈 행(行), 어질 인(仁), 놈 자(者), 왕 왕(王). 힘으로 인을 사칭하는 것은 패도요, 덕으로 인을 행하는 것은 왕도다.

제자백가를 격파하라

서른여섯 가지 계책 가운데
도망가는 것이 제일 좋은 계책이다

손자
가라사대,

혹시 집에 강도가 들었던 사람 있는가? 다행히 지누는 강도를 만난 경험은 없었지만 만약 그런 상황이 오면 어떻게 할지 생각은 해본 적이 있다. 세상이 워낙 흉흉하다고들 하지 않는가.

지누라면 먼저 경찰에 전화부터 했을 것이다. 그다음엔 엄마 아빠와 함께 도망쳐야지. 절대 맞서 싸울 생각은 없다. 야구방망이? 식칼? 강도가 뭘 들고 왔을지 어떻게 알겠는가. 집에도 야구방망이나 식칼은 있지만 그걸 들고 강도와 싸울 생각은 없다. 아빠가 그러는 걸 보기도 싫다. 도둑 잡는 건 경찰의 일이다. 익숙지 않은 일을 하면 다치는 법이다.

하지만 지금 여기엔 경찰도 없고, 전화기도 없다. 그럼 도망치는 게 좋을 것이다. 그런데 노인은 지누의 손을 끌고 소리 나는 쪽으로 가고 있었다.

지누는 발버둥치며 물었다.

"어디로 가는 거예요?"

노인은 지누의 손을 놓아 주지 않았다.

"구경 가야지. 세상에 제일 재미있는 게 싸움 구경과 불구경이라

지 않더냐. 이런 기회를 놓칠 순 없지."

　물론 지누도 구경은 좋아한다. 불구경, 싸움 구경도 좋다. K-1이나 UFC도 결국은 싸움이잖은가. 하지만 그건 TV나 영화로 볼 때지 눈앞에서 벌어지고 있는 거는 아니다. 지금처럼 위험한 일은 더욱 보고 싶지 않다. 가까이 가기도 싫다.

　그런 항변은 한마디도 못해 보고 어느새 지누는 노인의 손에 끌려 싸움이 벌어지고 있는 곳까지 갔다. 대문을 들어서면 바로 나오는 넓은 마당에서였다. 그 넓은 마당을 가득 메우고 수십 명의 사람들이 싸우고 있었다. 주먹이 아니라 칼과 창으로. 그리고 피가 있었다.

　피. 무기가 휘둘러질 때마다 소름끼치는 금속성이 퍼지고 피가 튀었다. 비명을 지르며 쓰러져 뒹구는 사람도 있었다. 칼에 베였는지 배를 움켜쥔 사람의 손가락 사이로 붉은 피와 내장 비슷하게 생긴 것이 흘러나오는 것을 보고 지누는 머리를 짚으며 뒤로 넘어갔다.

　'이건 나 같은 청소년이 보기엔 너무 충격적인 장면이야.'

　정신을 잃고 나서 얼마쯤 시간이 지났을까. 시실은 1~2초 정도에 불과한 시간이었다. 지누는 노인이 외치는 소리가 시끄러워 정신을 차렸다. 노인은 지누가 넘어지지 않게 부축해 안고는 고래고래 고함을 지르고 있었다.

　"삼십육계주위상책(三十六計走爲上策)이라는 말 들어 봤냐?"

　얼떨결에 지누가 대답했다.

제자백가를 격파하라

"삼십육계줄행랑이라는 말은 들어 봤는데요."

"같은 뜻이야. 불리할 땐 도망치라는 말이지. 지금이 그렇게 할 때다!"

도적들의 공격은 기습적으로 이루어졌다. 그건 공자의 제자들이 싸울 준비가 안 되어 있다는 말과 같았다. 소동이 벌어지자 분분히 방에서 뛰어나왔지만 대부분은 맨손이었다. 눈치 빠른 사람 몇몇이 무기를 챙겨 나왔지만 그 수는 극히 소수였다. 그래서 지금은 도적들이 거의 일방적으로 공자의 제자들을 밀어붙이고 있는 것이다. 그 불똥이 튈 것 같으니까 노인이 도망가자고 하는 것인데, 마침 지누가 아는 얼굴이 보였다. 도적들 중에 아까 성 안에서 보았던 장비 아저씨가 있었다. 장비 아저씨도 지누를 발견하고는 외쳤다.

"네 이놈! 역시 여기 있었구나! 아까 망신시킨 것을 갚아 주마!"

장비 아저씨가 큰 칼을 휘두르며 달려온다. 대체 뭘 갚겠다는 말인지 모르겠지만 썩 즐거울 것 같지는 않았다. 일단은 도망가는 게 상책이다.

걸음아 날 살려라~

지누는 돌아서서 달렸다. 같이 도망가자던 노인은 이미 한참 앞에서 달리고 있었다. 의리도 없는 노인네가 발은 무지 빨랐다. 노인은 어느새 앞에 있는 집을 돌아 사라졌다. 지누는 힐끗 뒤를 돌아보았다. 장비 아저씨가 열심히 쫓아오고 있었다. 생긴 것은 돼지같이 둔해 보이는데 걸음은 어찌나 빠른지 거의 목덜미를 낚아챌 것처럼 가까이 와 있었다.

지누는 필사적으로 달렸다. 누군가의 손길이 목덜미를 스치는 듯한 느낌이 들었지만 간발의 차이로 붙잡히지 않은 것 같았다. 지누는 다시 손길이 뻗어 오기 전에 정면에 보이는 집의 열려 있는 문으로 뛰어 들어갔다. 문턱은 용케 넘어갔는데 아뿔싸 방이 너무 좁았다. 게다가 방 한가운데 한 노인이 작은 탁자에 앉아 책을 읽고 있었다. 지누는 염치불고하고 탁자를 뛰어 넘었다. 그리고 그대로 벽에 코를 박기 직전 누군가가 목덜미를 잡더니 부드럽게 공중으로 던져 올렸다. 지누는 공중에서 회전하다가 다시 부드러운 힘에 떠밀려 발을 아래로 하고 바닥에 내려섰다. 롤러코스터를 타다 내린 기분이었다. 즉 아주 어지러웠다는 얘기다.

지누가 고추먹고 맴맴하고 난 다음처럼 비틀거리고 있는 사이 장비 아저씨도 방으로 뛰어들어왔다. 그러고는 큰 칼을 휘두르며 외쳤다.

"꼬마야, 이제 독 안에 든 쥐 신세지. 얌전히 이 아저씨의 칼을 받아라. 안 아프게 죽여 주마."

정말 무지막지한 말을 한다. 아니 왜 지누를 죽이겠다는 건가.

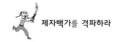
제자백가를 격파하라

뭘 잘못했다고. 힘 있는 어른이 청소년을 죽이는 것도 말이 안 된다. 문득 지누는 깨달았다. 이런 사람이 바로 사이코패스, 연쇄살인범인 것이다. 그리고 이런 사람에게 걸린 게 지지리도 운이 없는 일이라는 것도.

"참으로 흉악하구나. 인간이라면 어찌 그럴 수 있단 말인가."

지누의 마음을 대변하는 목소리가 들려왔다. 이런 와중에도 책 읽기를 그치지 않고 있던 노인이 한 말이었다.

"굳이 나서지 않으려 하였으나……."

그는 책을 말아서 끈으로 단단히 묶어 놓고 자리 옆에 뉘어 놓은 물건을 움켜쥐었다. 곧게 뻗은 검 한 자루였다.

장비 아저씨가 노인과 그 검을 번갈아 보며 비웃었다.

"그걸로 뭘 어쩌겠다는 건가, 영감. 가만히 있었으면 살았을지도 모르는데 스스로 명을 재촉하는군."

노인은 천천히 일어나 장비 아저씨를 향해 똑바로 섰다. 몸을 똑바로 세우니까 노인이지만 꽤 체구가 컸다. 노인이 말했다.

"나는 공자님의 제자 자로다. 너는 누구냐? 그리고 왜 쳐들어왔느냐?"

"이름은 알 것 없다. 여기 쳐들어온 이유는 말해 주지. 너희 유가의 무리들을 모두 죽여 버리기 위해서다. 공자의 후예들의 씨를 말려 버리기 위해서라고도 할 수 있지. 음하하하하하!"

노인은 눈살을 찌푸렸다.

"너희 같은 무리들은 이익이 없으면 나서지 않는다고 하더구나.

그럼 말해 줄 수 있겠느냐. 우리 유가를 없앰으로써 무얼 얻는다
는 것인지.”

“경쟁자가 없어지는 것이다.”

“경쟁? 너희와 우리가?”

“제자백가 논변대회가 곧 열린다는 것은 알고 있겠지? 아쉽지만
너희 유가가 우승 후보인 것도. 그러니 너희가 거기 참가하지 못하
게 미리 제거함으로써 화근을 없애 버리겠다는 게 우리 병법가의
복안이다, 그 말씀이시다.”

노인은 혀를 찼다.

“소인배의 생각이란…….”

 제자백가를 격파하라

장비 아저씨가 화를 발끈 내며 칼을 휘둘렀다.

"에잇, 귀찮다. 둘 다 죽어 버려라!"

노인이 언제 검을 뽑았는지, 또 그걸 언제 휘둘렀는지 지누는 보지 못했다. 그냥 정신을 차려 보니 장비 아저씨는 방바닥에 쓰러져 있고 노인은 검 끝에 묻은 한 방울 피를 허공에 떨어 버리고는 방밖으로 태연자약하게 걸어 나가고 있었다.

"너는 거기서 기다리고 있어라. 밖은 위험하다."

그럴지도 모른다. 하지만 시체와 한 방에 있는 것보다는 위험한 게 나았다. 지누는 노인의 뒤를 따랐다.

삼십육계주위상책 |三十六計走爲上策|

석 삼(三), 열십(十), 여섯 육(六), 꾀 계(計), 달릴 주(走), 할 위(爲), 위 상(上), 채찍 책(策). 삼십육계 중에서 도망치는 게 제일 좋은 계책이다.

삼십육계

서른여섯 가지의 꾀. 많은 모계(謀計)를 이른다.

자로 |子路, BC 543~BC 480|

중국 고대의 유학자. 공자의 훈계로 입문했는데, 곧고 순진하여 헌신적으로 공자를 섬겼다. 공자도 그를 매우 아낀 듯하며 《논어》에 그 친분이 잘 표현되어 있다. 위(衛)나라에서 벼슬하던 중 내란이 일어났을 때 스스로 전사(戰死)를 택했다.

맹자
가라사대, 제후가 사직을 위태롭게 하면
바꾸어 세운다. 군주에게 큰 잘못이
있으면 간언하고, 간언을 반복하여도
듣지 않으면 군주의 자리를 바꾸어
버린다

싸움은 바깥마당을 지나 안마당까지 번져 오고 있었다. 무기를 들고 와글와글 몰려오는 도적들을 보고 지누는 차라리 시체가 있는 방으로 돌아가는 게 낫겠다고 생각했다. 하지만 자로 노인이 나서자 상황은 순식간에 달라졌다. 노인이 휘두르는 검 앞에서 도적들은 추풍낙엽처럼, 어라, 지누도 꽤 유식해졌나 보다. 가을에 떨어지는 낙엽이라는 뜻의 추풍낙엽이라는 사자성어를 자유자재로 사용하는 것을 보니. 하여간 도적들은 추풍낙엽처럼 쓰러졌다. 그리고 뒤늦게 전열을 정비한 유가의 문인들이 싸움에 합류하자 곧 도적들은 죽거나 사로잡히고 말았다.

한바탕 소동이 걷히고 상황이 정리되자 거지 노인이 나타났다.

"그만 가자. 더 얻을 게 없겠다."

노인에게 끌려가면서 지누는 투덜거렸다.

"와, 의리 없이 그렇게 혼자만 도망가세요. 전 꼼짝없이 죽는 줄

제자백가를 격파하라

알았잖아요."

"안 죽었으니 됐잖니."

그렇게 슬쩍 넘어가고는 말을 돌린다.

"자, 이젠 어디로 갈까?"

"어딜 꼭 가야 하나요?"

노인은 놀란 듯이 지누를 바라보았다. 지누가 말했다.

"유가를 찾아가서 배운 게 없잖아요. 어려운 말은 잔뜩 들었지만 그게 제자백가 논변대회에서 우승하기 위해 꼭 필요한 것인지 모르겠어요."

'도적 떼나 만나 고생하고'라는 말은 삼키면서 지누는 입술을 내밀고 계속 말했다.

"다른 곳에 가서 누굴 만나든 별로 배울 것은 없는 것 같아요. 솔직히 말해서 세상을 안정시키는 정치의 방법, 정치체제라고 하면 민주주의가 제일 아닌가요?"

노인은 지누를 멀뚱멀뚱 쳐다보며 물었다.

"민주주의가 뭐냐?"

지누는 당황해 버렸다. 글쎄, 민주주이가 뭐였더라? 뭐라고 설명해야 하는 거지? 수업 시간에 배운 것을 떠올리려 노력하면서 지누는 말했다.

"음, 국민, 그러니까 백성이 나라의 주인이라는 주장이죠. Of the people, by the people, for the people……, 아니 이렇게 말하면 못 알아들으시겠네요. 국민의, 아니, 이것도 아니, 백성의, 백성

제자백가를 격파하라

에 의한, 백성을 위한 나라가 바로 민주주의 국가라는 거예요."

제법 대답을 잘한 것 같아서 지누는 속으로 뿌듯했다. 늘 어려운 말만 떠드는 이 노인에게 나름대로 어려운 말을 해 주지 않았는가. 이 노인이 영어를 알 리가 없으니까. 그런데 노인은 그리 감명 받은 눈치가 아니었다.

"오브더…… 뭐? 그건 어디 사투리냐? 뭐 그건 그렇고 그런 나라여야 한다는 주장은 제자백가 중에도 이미 있었지. 바로 조금 전 만났던 맹자의 주장이 그런 것 아니냐."

"맹자님이 그런 주장을 하셨다고요?"

"너도 이미 들어서 알지 않니. 백성이 가장 귀하고, 사직이 그 다음이며, 군주가 가장 가볍다고 하지 않더냐. 그 뒤에 이런 말도 했지. '그러므로 모든 평범한 백성들의 마음을 얻는 자라야 천자가 될 수 있고, 천자의 마음을 얻는 자가 제후가 되고, 제후의 마음을 얻는 자가 대부가 된다.'라고."

지누의 눈이 다시 뱅글뱅글 돌았다. 백성이 가장 귀하다는 말은 백성이 주인이라는 말과 다르긴 하지만 중요하다는 점에서는 같다고 볼 수도 있다. 백성의 마음을 얻는 자라야 천자가 될 수 있다는 건 투표로 대통령을 뽑는 것과도 비슷한 것 같다. 대통령이야말로 백성, 아니지 국민의 지지를 많이 받은 사람이 되는 것 아닌가.

하지만 이건 아니다. 뭔가 이상하다. 아주 중요한 게 빠졌다. 지누는 다시 수업 시간에 배운 것을 떠올리려고 애를 썼다. 대통령은 선출된 사람이지만 천자나 왕은 선출된 사람이 아니다. 그건 무슨 차이가 있나? 먼저 국민이 선택한 사람이냐 아니냐의 차이가 있다. 대통령은 국민이 선택한 사람이지만 왕은 태어날 때부터 정해져 있다. 왕을 뽑는 선거, 투표에 대해서는 들어 본 일이 없다.

노인은 어리둥절한 표정으로 되물었다.

"투표가 뭐냐?"

지누는 투표와 선거라는 것을 설명해 주기 위해 애를 썼다. 민주주의의 기본조차 모르는 사람을 상대로 설명하려니 보통 어려운 일이 아니었다. 시간도 무지 많이 걸렸다. 게다가 결과도 그리 좋지 않았다. 노인이 지누를 마구 비웃었던 것이다.

"그러니까 백성 한 사람, 한 사람의 의견을 확인해서 왕을 뽑는다는 거지?"

"대충 그래요. 정확하지는 않지만."

"그게 어떻게 가능하겠냐. 이 나라 끝에서 끝까지 가려면 말을 타고도 반 년 이상 걸린단다. 더구나 백성이 전부 몇 명인지 아는 사람은 천하에 아무도 없어. 산골짜기, 바닷가 구석에 있는 사람까지 일일이 찾아가 의견을 묻는 게 불가능하다는 거지. 게다가 그 대부분이 왕이 뭔지조차 모를걸? 왜 왕을 뽑아야 히는지도 모를 테고."

"그걸 가르쳐 줘야죠."

"가르쳐 준다. 그래 바로 그거야. 지금 백성들에게는 왕을 선택할 권리보다 무얼 해야 하는지, 어떻게 사는 게 올바른 것인지 가르쳐 주는 게 더 필요하단다. 그래서 공자도, 맹자도, 순자도 그렇

제자백가를 격파하라

게 교육을 강조하는 거야. 백성뿐 아니라 왕에게도 그런 교육이 필요하거든."

지누는 할 말이 없었다. 하지만 한마디 항변도 못하고 이대로 수긍하기는 싫었다. 그래도 민주주의가 짱인데. 내세울 장점이 또 없나? 아, 있다. 왕이 나쁜 사람일 경우 끌어내릴 수 없다는 차이가 있다. 민주주의에는 탄핵이라는 아주 훌륭한 제도가 있지 않은가.

지누는 그 이야기를 했다. 자신만만하게.

하지만 이번에도 노인은 시시하다는 듯 말했다.

"글쎄, 맹자도 그랬다니까. 제후위사직 즉변치(諸侯危社稷 則變置), 군유대과즉간 반복지이불청 즉역위(君有大過則諫 反覆之而不聽 則易位). 제후가 사직을 위태롭게 하면 바꾸어 세운다. 군주에게 큰 잘못이 있으면 간언하고, 간언을 반복하여도 듣지 않으면 군주의 자리를 바꾸어 버린다. 그리고 이런 말로 맺었지. '평범한 백성들이야말로 영원히 갈아치울 수 없는 것이다.'라고."

"말이 쉽죠."

말이 쉽지 왕을 갈아치운다는 게 그렇게 쉬울 리 없다. 지누는 수업 시간에 배운 프랑스 혁명을 떠올렸다. 프랑스 사람들은 당시의 왕과 왕비를 단두대에 올려 죽여 버렸다. 하지만 그렇게 하기까지 수많은 사람들이 죽었다. 우리나라는 지금 선거를 통해 대통령을 교체한다. 하지만…….

더 생각해 보면 우리나라도 이승만 대통령을 끌어내리기 위해 4·19혁명을 일으켰다. 역시 수많은 사람들이 죽었다. 군사정권을 끝내기 위해 역시 많은 학생들이 죽었다고 배웠다. 그렇다면 대통령도 왕 못지않게 바꾸기 어려운 것 아닐까?

뭐라고 정답을 내리기가 애매한 문제였다. 공부를 좀 더 잘했으면 이럴 때 시원하게 반박해 줄 수 있었을 텐데. 지누가 공부 열심히 안 한 걸 후회하기는 이번이 처음이었다. 그때 누군가가 지누의 마음을 대변이라도 하는 듯 말했다.

"맹자 말대로 되는 세상이라면 좋겠지. 하지만 유가의 무리에게는 그걸 이룰 능력이 없어. 왕은커녕 고을의 관리 하나 제대로 바꾸지 못할 거야. 왜냐하면 그들은 그러려고 노력하지 않거든. 노력하지 않는데 뭘 이룰 수 있겠나."

Of the people, by the people, for the people.
미국의 제16대 대통령 링컨(Abraham Lincoln, 1809. 2. 12~1865. 4. 15)
이 게티즈버그에서 한 연설 중 일부분. '국민의, 국민에 의한, 국민을 위한'이라는 뜻.

제후위사직, 즉변치,
군유대과즉간, 반복지이불청, 즉역위

| 諸侯危社稷, 則變置, 君有大過則諫, 反覆之而不聽, 則易位 |

모든 제(諸), 제후 후(侯), 위태할 위(危), 토지신 사(社), 기장 직(稷), 곧 즉(則), 변할 변(變), 둘 치(置), 임금 군(君), 있을 유(有), 클 대(大), 지날 과(過), 곧 즉(則), 간할 간(諫), 되돌릴 반(反), 뒤집힐 복(覆), 갈 지(之), 말 이을 이(而), 아닐 불(不), 들을 청(聽), 곧 즉(則), 바꿀 역(易), 자리 위(位). 제후가 사직을 위태롭게 하면 바꾸어 세운다. 군주에게 큰 잘못이 있으면 간언하고, 간언을 반복하여도 듣지 않으면 군주의 자리를 바꾸어 버린다.

묵자 가라사대, 힘써 노력하면 반드시 잘 다스려지고, 힘써 노력하지 않으면 반드시 어지러워지며, 힘써 노력하면 반드시 편안해지고, 힘써 노력하지 아니하면 반드시 위태로워질 것이다

길가에서 들려온 목소리였다. 지누는 소리 난 쪽을 바라보았다. 소리가 들린 곳은 길가의 풀밭이었다. 거기 대나무로 짠 삿갓을 쓰고 검은 옷을 입은 사람이 책상다리를 하고 앉아 있었다. 그 뒤로 같은 복장을 한 십여 명의 사람들이 옆으로 나란히 줄을 맞춰 앉아 있었다. 만화나 영화에서 본 닌자 같은 섬뜩한 인상을 풍기는 사내들이었다. 그렇게 많은 사람들이 앉아 있는데 모르고 그냥 지나쳐 왔다는 사실이 이상했다.

말을 한 사람, 그러니까 맨 앞에 있던 사람이 또 말했다.

"유가는 자기들이 사람들을 편안하게 할 수 있고, 사람들을 따르게 할 수 있다고 하지만 실상은 그렇지 않다. 그것을 위해 아무런 노력도 하지 않기 때문이다. 공자는 죽고 삶에 명(命)이 있고, 부자가 되고 귀해지는 것은 하늘에 달려 있다고 말하지만 부자가 될 운명을 타고나야 부자가 되고 가난하게 될 운명이면 가난하게 된다. 많이 가질 운명이면 많이 갖게 되고, 적게 가질 운명이면 적게 갖게 되며, 사회가 안정될 운명이면 안정되고, 혼란할 운명이면 혼란하게 될 것이며, 오래 살 운명이면 오래 살게 되고, 일찍 죽을 운명이면 일찍 죽게 될 것이니, 아무리 굳세게 노력한들 무슨 소용이 있겠는가?"

삿갓 아래로 두 개의 헤드라이트가 있는 것처럼 빛이 났다. 초라도 켜 놓은 것 같은데 알고 보니 눈이었다. 횃불처럼 타오르는 눈빛이 지누를 향하고 있었다. 지누는 고양이 앞의 생쥐가 된 기분으로 꼼짝도 못하고 그 사람의 말을 듣고 있었다.

"강필치, 불강필란, 강필녕, 불강필위, 강필부, 불강필빈, 강필포, 불강필기(强必治, 不强必亂, 强必寧, 不强必危, 强必富, 不强必貧, 强必飽, 不强必飢). 힘써 노력하면 반드시 잘 다스려지고, 힘써 노력하지 않으면 반드시 어지러워지며, 힘써 노력하면 반드시 편안해지고, 힘써 노력하지 아니하면 반드시 위태로워질 것이다. 힘써 노력하면 반드시 넉넉해지고, 힘써 노력하지 않으면 반드시 가난해지며, 힘써 노력하면 반드시 배부르게 되고, 힘써 노력하지 않으면 반드시 굶주리게 된다. 세상만사가 이와 같으니 힘써 노력하면 이루어질 것이나 힘써 노력하지 않으면 어떤 일도 이루어지지 않는다."

삿갓 아저씨, 아니 삿갓 노인이 말을 멈추었다. 사방은 쥐 죽은 듯 고요했다. 십수 명의 사람들이 있었지만 숨소리도 들리지 않았다. 지누의 심장 뛰는 소리만이 지누의 귀를 때렸다. 침묵에 눌려 죽을 것만 같았다.

노인이 침묵을 깼다.

"명성이 자자한 묵자 선생을 만나니 참으로 반갑소. 여기는 어인 일로 오시었소?"

삿갓 노인 대신 뒤에 나란히 앉은 사람들 중 하나가 대답했다.

"묵가(墨家)의 금활리요. 선생님 대신 대답하겠소. 우리는 강대국 초나라가 약소국 송나라를 침범하려 한다는 소식을 듣고 전쟁을 말리기 위해 가고 있던 중이었소."

그는 할 말만 간단히 하고 입을 다문다.

노인이 다시 질문했다.

"당신들 몇 사람만으로 대국 초나라를 어떻게 말린단 말이오."

또 한 사람이 대답했다.

"묵가의 맹승이오. 선생님 대신 대답하겠소. 초나라는 전쟁 무기의 제조로 유명한 공수반을 초빙해 송나라를 공격할 예정이라 하오. 우리는 초나라의 왕 앞에서 공수반과 겨루어 이김으로써 우리가 송나라를 돕는다면 어떤 방법을 써도 이길 수 없음을 보여 줄 것이오."

노인이 또 물었다.

"당신들은 왜 굳이 나서서 송나라를 도와 초나라와 싸우려 하는 거요? 송나라로부터 부탁이라도 받았소?"

세 번째 사람이 말했다.

"묵가의 전양자요. 선생님 대신 대답하겠소. 우리는 누구로부터도 부탁을 받지 않았소."

그가 굳게 입을 다물자 묵자가 말했다.

"우리는 마땅히 남의 나라를 자기 나라처럼 보고, 남의 집안을 자기 집안처럼 보며, 남의 몸을 자기 몸처럼 보아야 하오. 이 난세를 정리하는 유일한 길이 그것이오. 모든 사람을 차별 없이 사랑하는 것. 즉 겸애(兼愛)요."

묵자 | 墨子, BC 470? ~BC 391? |

중국 전국시대 초기의 사상가. 묵자 및 그의 후학인 묵가(墨家)의 설을 모은 《묵자(墨子)》가 현존한다. 유가가 봉건 제도를 이상으로 하고 예악(禮樂)을 기조로 하는 혈연 사회의 윤리임에 대하여, 오히려 중앙 집권적인 체제를 지향하여 실리적인 지역 사회의 단결을 주장한다.

강필치, 불강필란, 강필녕, 불강필위, 강필부, 불강필빈, 강필포, 불강필기

| 强必治, 不强必亂, 强必寧, 不强必危, 强必富, 不强必貧, 强必飽, 不强必飢 |

굳셀 강(强), 반드시 필(必), 다스릴 치(治), 아닐 불(不), 굳셀 강(强), 반드시 필(必), 어지러울 란(亂), 굳셀 강(强), 반드시 필(必), 편안할 녕(寧), 아닐 불(不), 굳셀 강(强), 반드시 필(必), 위태로울 위(危), 굳셀 강(强), 반드시 필(必), 가멸 부(富), 아닐 불(不), 굳셀 강(强), 반드시 필(必), 가난할 빈(貧), 굳셀 강(强), 반드시 필(必), 물릴 포(飽), 아닐 불(不), 굳셀 강(强), 반드시 필(必), 주릴 기(飢). 힘써 노력하면 반드시 잘 다스려지고, 힘써 노력하지 않으면 반드시 어지러워지며, 힘써 노력하면 반드시 편안해지고, 힘써 노력하지 않으면 반드시 위태로워질 것이다. 힘써 노력하면 반드시 넉넉해지고, 힘써 노력하지 않으면 반드시 가난해지며, 힘써 노력하면 반드시 배부르게 되고, 힘써 노력하지 않으면 반드시 굶주리게 된다.

금활리, 맹승, 전양자

묵자의 제자로 알려진 사람들.

겸애 | 兼愛 |

겸할 겸(兼), 사랑 애(愛). 모든 사람을 차별 없이 사랑하다.

제자백가를 격파하라

유비 가라사대, **착한 일은 작다 해도 하지 않으면 안 되고, 악한 일은 작다 해도 해서는 안 된다**

노인이 계속 물었다.

"아무도 부탁하지 않았는데 단지 그것이 좋은 일이기 때문에 한다는 말이오?"

대열 중의 한 사람이 대답했다. 그는 자기소개를 하지 않았다.

"물이선소이불위(勿以善小而不爲), 물이악소이위지(勿以惡小而爲之)이니, 착한 일은 작다 해도 하지 않으면 안 되고, 악한 일은 작다 해도 해서는 안 된다."

그때 마침 지나가던 나그네 한 사람이 그 말을 듣고 픽 웃으며 말했다.

"내 몸의 터럭 하나를 뽑아서 온 천하를 이롭게 할 수 있다 해도 나는 그러지 않겠다."

묵가의 사람들이 분분히 일어났다. 나그네는 다시 '헤헤'하고 소리 내어 웃고는 바람처럼 달려서 도망가기 시작했다. 묵가 사람들이 일제히 새처럼 가볍게 몸을 날렸다. 묵자가 나지막이 말했다.

"돌아와 앉아라!"

이미 저만치 날아가던 묵가의 사람들이 그 말을 들은 듯 공중에서 새처럼 회전하며 돌아와 원래 자기 자리에 날아가 앉았다. 이 광경이 마치 마술과도 같아서 지누는 눈을 크게 떴다. 노인이 속삭였다.

"묵가 사람들은 다들 무술의 고수란다. 그나저나 우리는 저 나그네를 따라가자."

그러고는 묵자 쪽으로 몸을 돌렸다.

"가르침에 감사하오."

그렇게 묵자에게 인사하더니 노인은 지누의 손을 잡고 몸을 날렸다. 그도 묵가의 사람들처럼 거의 땅을 밟지 않고 달렸다. 바람처럼, 새처럼.

너무 빨리 달리는 바람에 지누는 숨도 제대로 쉴 틈이 없었다. 그런데 노인은 조금도 숨이 차지 않는 모양이었다. 천천히 걸으며 말하는 듯 차분하고 태연했다. 그는 저만치 앞에서 바람같이 달려가는 나그네를 가리키며 말했다.

"앞에 가는 저 사람은 양주(楊朱)라는 사람이란다. 도가 쪽 사람이지. 다행이지 뭐냐. 묵가는 굳이 찾아가지도 않았는데 만났고, 저 양주를 따라가면 도가 쪽 사람들도 만날 수 있을 것 같으니 말이다."

노인은 혼자서 하하 웃고는 말했다.

"내 몸의 터럭 하나를 뽑아서 온 천하를 이롭게 할 수 있다 해도 나는 그러지 않겠다라니. 소문대로 참 대단한 사람이지 뭐냐. 그걸 위아설(爲我說)이라고 한단다. 개인주의라고 말할 수도 있지. 얼른 듣기로는 세상이 어떻게 되건 자기만 잘되면 된다는 식으로 말한 것 같지만 사실은 그게 아니라 요즘 세상을 비판한 거야. 다들 별것도 아닌 걸 내놓으면서 세상을 구하겠다고 하니 자기는 그런 걸 안 하겠다고 한 거다. 양주는 비록 백성에게 좋은 일일지라도 남의 도움을 빌리지 않고, 남이나 자기나 일체 참견하는 일 없이 완전히 자유로워야 한다고 역설했단다. 그게 저 말로 표현된 거지."

내버려두면 알아서 잘한다는 뜻일까? 그런 이야기를 그렇게 비비꼬아서 말했다니 성질을 알 것 같다고 지누는 생각했다.

이야기를 듣는 동안, 그리고 생각을 하는 동안에도 노인은 지누를 안고 슬쩍슬쩍 웅덩이를

스치며 낮게 날아가는 제비처럼 달렸다. 좌우로 가로수와 논밭, 그리고 집들이 지누의 뒤쪽으로 빠르게 달려갔다. 커다란 성과 벌떼처럼 많은 사람들, 아름다운 산봉우리와 호수들이 또 그렇게 다가왔다가 지누를 지나 사라졌다. 대체 얼마나 오래, 그리고 멀리 달려온 것일까. 노인은 이제 지누를 등에 업고 달렸다. 지누는 노인의 허름한 옷에서 나는 퀴퀴하고 꼬리꼬리한 냄새에도 개의치 않고 머리를 노인의 등에 파묻었다. 귓가로 스치는 바람 소리가 잦아들고, 비행기를 타고 날아가는 듯 완만한 진동도 더 이상 느껴지지 않았다. 지누는 깜빡 잠이 들고 말았다.

유비 | 劉備, 161~223 |

삼국시대 촉한(蜀漢)의 제1대 황제(재위 221~223). 관우, 장비와 결의형제하였으며, 삼고지례로 제갈량을 맞아들였다. 220년 조비가 한나라 헌제의 양위를 받아 위의 황제가 되자, 221년 그도 제위에 올라 한의 정통을 계승한다는 명분으로 국호를 한(漢:蜀漢)이라 하였다.

물이선소이불위, 물이악소이위지
| 勿以善小而不爲, 勿以惡小而爲之 |

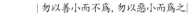

말 물(勿), 써 이(以), 착할 선(善), 작을 소(小), 말 이을 이(而), 아닐 불(不), 할 위(爲), 말 물(勿), 써 이(以), 악할 악(惡), 작을 소(小), 말 이을 이(而), 할 위(爲), 갈 지(之). 착한 일은 작다 해도 하지 않으면 안 되고, 악한 일은 작다 해도 해서는 안 된다.

양주 | 楊朱, BC 440~ BC 360 |

중국 전국시대의 학자. 자기 혼자만이 쾌락하면 좋다는 위아설(爲我說), 즉 이기적인 쾌락설을 주장했다. 지나침을 거부하고 자연주의를 옹호하였다. 이것은 노자사상(老子思想)의 일단을 발전시킨 주장이었다.

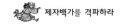
제자백가를 격파하라

말로 표현할 수 있는 도는 영원히 변치 않는 도가 아니다

잠에서 깨어난 지누는 잠시 어리둥절해서 좌우를 살폈다. 왜 그럴 때가 있잖은가. 지금 여기가 어딘지, 왜 이런 곳에서 자게 됐는지 생각나지 않을 때. 특히 자기 방이 아닌 곳에서 잠이 들면 그런 일이 생기지 않는가. 지금 지누의 상태가 바로 그랬다.

"일어났느냐? 따뜻한 차가 있으니 한 잔 마시려무나."

지누는 소리 나는 쪽을 보았다. 거지처럼 차려 입은 노인이 찻잔을 내밀고 있었다.

'아, 나는 이 할아버지하고 여행 중이었지.'

지누는 정신을 차리고 일어나 앉아 찻잔을 받아 두 손으로 감싸 쥐었다. 따뜻해서 기분이 좋았다. 한 모금 마시자 은은한 향기와 맛이 코와 혀를 자극해 더욱 기분이 좋아졌다.

노인이 대추 세 개를 내밀었다. 지누는 "감사합니다." 하고는 덥석 받아서 먹었다. 평소 좋아하던 것은 아니지만 배가 고파서 먹었는데 놀랄 만큼 맛있었다. 정신없이 세 개 다 먹고 나서 뱉은 씨를 모아 땅에 묻는데 문득 옛날이야기가 떠올랐다. 신선들의 바둑을 구경하던 나무꾼이 대추 몇 개 얻어먹고는 집에 돌아갔더니 몇

년이 지났다는 이야기 말이다.

'설마 이게 그런 건 아니겠지?'

그렇게 생각하면서도 혹시 몰라 노인에게 물어보려는데 노인이 먼저 말했다.

"쉿, 나온다!"

누가 나온다는 것인지 노인이 보는 방향을 바라보았다. 그들은 지금 낮은 언덕 위 양지바른 풀밭에 앉아 있었다. 그 언덕에서 내려다보이는 길 끝에 작은 성처럼 보이는 건물이 있는데 그곳에서 소가 끄는 수레 한 대가 나오고 있었다. 거기에는 노인 한 분이 타고 있는데 사극에 나오는 관복, 갑옷 등을 입은 사람들이 배웅하는 듯 뒤를 따랐다. 수레 옆에는 지누와 노인이 여태 쫓아온 양주라는 나그네가 바짝 붙어 있었다.

배웅 나온 사람들은 저만치서 멈추고 수레는 지누와 노인이 있는 곳으로 다가왔다. 조금 더 시간이 지나자 양주와 수레에 탄 노인이 나누는 대화가 들려올 정도로 가까워졌다.

"노자 선생님. 도란 무엇입니까?"

노자라 불린 노인이 대답했다.

"도가도비상도(道可道非常道), 말로 표현할 수 있는 도는 영원히 변치 않는 도가 아니다."

양주는 묵가 사람들을 대할 때와는 달리 아주 공손한 태도였다.

"무슨 뜻인지 모르겠습니다. 다시 여쭈어도 되겠습니까?"

"보려고 해도 보이지 않고 들으려고 해도 들리지 않고 만져 보려

해도 만져지지 않는다. 그것이 도다."

노자는 선선히 대답해 줬지만 점점 더 알 수 없는 이야기였다.

양주도 포기했는지 질문을 바꾸었다.

"선생님께서는 도와 덕의 경, 즉 도덕경을 쓰셨습니다. 이번에는
덕에 대해 말씀해 주십시오."

노자 선생님,
도란 무엇입니까?

도가도비상도(道可道非常道),
말로 표현할 수 있는 도는
영원히 변치 않는
도가 아니다.

"큰 덕의 모습은 도와 같다. 도는 오직 황홀하기만 하여 그 형상을 분간해 인식할 수 없다. 볼 수도 없고 잡을 수도 없는 그 속에 사물이 있다. 잡을 수도 볼 수도 없는 그 속에 형상이 있다. 도는 아득히 멀고 그윽이 어둡기만 한데, 그 속에 정기가 있다. 그 정기는 지극히 진실하다. 그 속에 믿음이 있다."

지금쯤은 절망하고 있을 거라고 생각한 지누의 짐작은 틀렸다. 양주는 황홀하다는 듯 노자를 바라보며 연신 고개를 끄덕이고 있었다. 이런 이야기를 들을 수 있어 더없이 기쁘고 흐뭇하다는 표정이었다.

"하나만 더 말씀해 주십시오. 만물은 어떻게 만들어졌습니까?"

"천하만물은 유(有)에서 생산되고, 유는 무(無)에서 생산된다. 도는 하나를 만들고, 하나는 둘을 만들고, 둘은 셋을 만들고, 셋은 만물을 만들었다."

이제 수레는 고개를 넘어가고, 양주는 더 이상 따라가지 않았다. 그는 수레가 간 방향을 보며 허리를 구부리고 오랫동안 서 있었다.

노인이 낮은 소리로 말했다.

"우린 방금 서쪽으로 떠나는 노자를 본 거야. 원래는 주나라의 관리였는데 나라가 점점 쇠퇴해 가는 것을 슬퍼하다가 결국 관직을 버리고 떠났지. 떠나면서 관문을 지키는 사람에게 책을 줬는데, 그게 《도덕경》이야. 방금 들은 것처럼 알 듯 모를 듯한 말들을 써놓은 책이지. 그걸 연구하는 사람들을 도가라고 한단다. 그러니 결국 노자는 모든 도가 사람들의 스승인 셈이지. 에구, 저 친구가 다시 뛰기 시작했네. 숨어야겠다."

노인은 지누의 머리를 눌러 납작 엎드리게 한 다음 자기도 그렇게 했다. 양주가 이쪽으로 뛰어오더니 바람같이 스쳐 지나갔다. 노인도 지누를 들쳐업고 뛰기 시작했다. 달리기 경주가 다시 시작되었다.

노자 | 老子, ?~? |

중국 고대의 철학자. 도가(道家)의 창시자. 주나라의 쇠퇴를 한탄하고 은퇴할 것을 결심한 후 서방(西方)으로 떠났다. 그 도중 관문지기의 요청으로 상하 2편의 책을 써 주었다고 한다. 이것을 《노자》라고 하며 《도덕경(道德經)》이라고도 하는데, 도가 사상의 효시로 일컬어진다.

도가도비상도 | 道可道非常道 |

길 도(道), 옳을 가(可), 길 도(道), 아닐 비(非), 항상 상(常), 길 도(道). 말로 표현할 수 있는 도는 영원히 변치 않는 도가 아니다.

언어로써 다할 수 있고 지식으로써 도달할 수 있는 것은 사물에 한정될 뿐이다

정원의 연못 위로 가로지른 다리 위에 두 사람이 서 있었다. 한 사람이 말했다.

"물고기가 한가롭게 헤엄치고 있군. 이게 물고기의 즐거움일세."

다른 사람이 물었다.

"자네는 물고기가 아닌데 어떻게 물고기가 즐겁다는 것을 안단 말인가?"

"자네는 내가 아닌데 어떻게 내가 물고기가 즐겁다는 것을 알지 못한다는 것을 안단 말인가?"

"나는 자네가 아니니까 물론 자네를 모르지. 자네는 물고기가 아니니까 물고기를 알지 못한다는 것이 확실하단 말일세."

처음 말을 꺼낸 사람이 웃으며 말했다.

"자, 처음으로 돌아가세. 자네는 '자네가 어떻게 물고기가 즐겁다는 것을 안단 말인가?'라고 했지만, 그것은 자네가 이미 나의 앎에 대해서 알고 있기 때문에 내게 그렇게 물은 것일세. 나 역시 물고기의 즐거움에 대해서 알았기 때문에 그렇게 말한 것일세."

정원 구석 담벼락 밑의 나무 그늘 아래에 두 사람이 숨어 있었다. 지누와 노인이었다. 지누가 노인의 귓가에 속삭였다.

"저 사람들 대체 무슨 이야기를 하는 거죠?"

노인이 대답했다.

"물고기가 즐거워한다고 한 사람이 장자야. 바로 도가의 창시자나 다름없는 사람이지. 여기 오기 전에 본 노자를 도가의 창시자로 보는 사람도 있지만, 노자가 씨를 뿌렸다면 장자가 돌보고 가꾸어 꽃을 피운 것이기 때문에 도가는 장자로부터 시작한다고 할 수도 있을 게다. 같이 있는 사람은 혜시라고, 장자의 친구란다."

노인이 계속 말했다.

"장자가 '물고기가 즐거워하는구나.'라고 하니까 혜시가 '넌 물고기가 아닌데 물고기가 즐거워하는지 어떻게 아냐.'라고 꼬집었지. 그러니까 장자가 '그럼 넌 내가 아닌데 내가 그걸 아는지 모르는지 어떻게 아냐.'라고 재반박을 한 거야. 어려우냐? 이해 못해도 상관없다. 저것보다 더 황당한 이야기도 많이 하는 사람들이거든."

과연 두 사람은 한창 말다툼을 하고 있었다. 장자가 말했다.

"나와 그대가 논쟁을 하였다고 하자. 그대가 이기고 내가 졌다면 과연 그대가 옳고 나는 그른 것인가. 내가 이기고 그대가 졌다면 과연 내가 옳고 그대는 그른 것일까? 둘 중 한쪽은 옳고 다른 쪽은 그른 것일까? 우리 모두가 옳거나 우리 모두가 그른 것일까? 알 수 없는 일이다."

혜시가 뭐라고 반박하려 했지만 장자는 기회를 주지 않았다.

"그렇다면 누구에게 올바로 판정을 해 달라고 해야 하겠는가. 그 대와 의견이 같은 사람에게 올바로 판정을 해 달라고 한다면 이미 그대와 의견이 같은데 어떻게 올바로 판정을 해 줄 수 있겠는가? 나와 의견이 같은 사람에게 올바로 판정을 해 달라고 한다면 이미 나와 의견이 같은데 어떻게 올바로 판정을 해 줄 수가 있겠는가? 나나 그대와 의견이 다른 사람에게 올바로 판정을 해 달라고 한다 면, 이미 나나 그대와 의견이 다른데 어찌 올바로 판단을 해 줄 수 있겠는가? 나나 그대와 의견이 같은 사람에게 올바로 판정을 해 달라고 부탁을 한다면, 이미 나나 그대와 의견이 같은데 어찌 올 바른 판정을 할 수 있겠는가? 그러니 나나 그대나 다른 사람들이 나 모두 알 수가 없는 것이다. 그런데도 누가 옳고 누구는 그르다 는 논리를 어찌 믿겠는가."

이건 골치 아픔과 어지러움의 최고봉이라고 지누는 머리를 짚 으며 생각했다. 장자의 말대로라면 세상엔 옳음과 그름이 없게 되지 않는가. 옳고 그름을 따지는 것도 의미가 없게 되지 않는 가. 하지만 지누의 상식으로는 세상에는 객관적인 기준이라 는 게 있어서 옳고 그름이 그에 따라 판단되지 않는가. 이런 의문에 대해 물어보려고 입을 떼려 할 때 노인이 입술에 손 가락을 대고 조용히 하라는 신호를 보냈다. 나그네, 양주라 는 사람이 정원으로 들어와 장자에게 다가갔다. 그러고는 인사 하고 무어라 말을 하는데 조각조각 들려오는 내용으로 짐작하면 노자를 만난 이야기를 하는 듯했다.

양주가 노자에게서 들은 도와 덕에 대한 이야기를 설명해 달라고 요청하자 장자는 '말로 설명하거나 배울 수 있는 도는 진정한 도가 아니다. 도는 시작도 끝도 없고 한계나 경계도 없다. 인생은 도의 영원한 변형에 따라 흘러가는 것이며, 도 안에서는 좋은 것, 나쁜 것, 선한 것, 악한 것이 없다. 사물은 저절로 흘러가도록 내버려 두어야 하며 사람들은 이 상태가 저 상태보다 낫다는 가치 판단을 해서는 안 된다. 참으로 덕이 있는 사람은 환경, 개인적인 애착, 인습, 세상을 낫게 만들려는 욕망 등의 집착에서 벗어나 자유로워져야 한다.'는 내용의 이야기를 길게, 정말로 길게 늘어놓았다. 선생님이 수업 시간에 하는 것처럼. 지누도 수업 시간에 그러는 것처럼 꾸벅꾸벅 졸았다. 그러다가 노인이 흔드는 바람에 지누는 깨어났는데 그때 장자는 이렇게 말하고 있었다.

"언지소진, 지지소지, 극물이이(言之所盡, 知之所至, 極物而已), 언어로써 다할 수 있고 지식으로써 도달할 수 있는 것은 사물에 한정될 뿐이다."

그 뒤로는 말이 없었다. 중간에 어떤 이야기가 있었는지는 몰라도 저 말로 수업이 끝난 모양이었다. 수업이 끝났다고 생각하니 절로 안도의 한숨이 나왔다. 하품도 따라 나왔다. 자기 입에서 나가는 소리에 자기가 놀라 눈을 크게 뜨는데 정원의 세 사람, 장자, 혜시, 양주의 시선이 일제히 지누가 숨은 곳을 향했다.

"누구냐!"

양주가 외치며 정원을 가로질러 날아와 지누의 뒷덜미를 잡아

공중에 들어 올렸다. 노인은 어느새 사라지고 없었다. 눈치나 내빼기나 정말 빠른 노인네다. 양주가 지누를 공중에서 흔들었다.

"누구냐니까!"

하는 수 없이 지누는 대답했다.

"지눈데요."

장자 | 莊子, BC 369~BC 286? |
중국 고대의 사상가. 제자백가(諸子百家) 중 도가(道家)의 대표자. 도(道)를 천지만물의 근본 원리라고 보았다.

혜시 | 惠施, BC 370~BC 309 |
중국 전국시대 송(宋)의 사상가. 양(梁)의 혜왕(惠王)·양왕(襄王)을 섬기어 재상이 되었다. 종횡가(縱橫家) 장의(張儀)에게 쫓겨 초(楚)로 갔다가 후에 고향으로 돌아와서 생애를 마쳤다. 그의 주장은 《장자》에서 가끔 찾아볼 수 있다.

언지소진, 지지소지, 극물이이 | 言之所盡, 知之所至, 極物而已 |
말씀 언(言), 갈 지(之), 바 소(所), 다할 진(盡), 알 지(知), 갈 지(之), 바 소(所), 이룰 지(至), 다할 극(極), 만물 물(物), 말 이을 이(而), 이미 이(已).
언어로써 다할 수 있고 지식으로써 도달할 수 있는 것은 사물에 한정될 뿐이다.

언젠가 나는 나비가 되어
즐거웠던 꿈을 꾼 일이 있다

지누는 장자와 혜시 앞으로 끌려갔다. 장자가 물었다.

"누구라고?"

그냥 이름만 대답해서 끝날 일이 아닌 것 같았다. 여기 어떻게 오게 되었는지 다 설명해야 할까? 거지 노인이 데려왔다고 하면 그 노인은 어떻게 알게 되었는지 물을 테고, 그러면 이 세계에 오게 된 이유도 설명해야 한다. 그리고 그걸 믿을 사람은 이 세계에 애지밖에는 없을 것이다.

애지.

진왕에게 잡혀 있을 애지를 생각하니 지누의 코끝이 찡해졌다. 얼른 애지를 구출해야 한다. 그러려면 애지 말대로 제가백가를 격파해야 한다. 그래서 여기 온 것이 아닌가.

문득 지누의 머리에 공자의 집으로 찾아갔을 때의 일이 떠올랐다. 그때 어떻게 했더라?

지누는 무릎을 꿇고 넙죽 절하면서 말했다.

"저는 대한민국에서 온 지누라고 합니다. 장자 선생님께 가르침을 받고 싶어 왔습니다."

공자 같았으면 고개라도 까딱했을 것이다. 하지만 장자는 아는 척도 하지 않았다. 손가락으로 코를 후비며 한마디 던지는 게 고작이었다.

"나는 제자 같은 건 안 받는다."

"제자가 되겠다는 뜻이 아니라 도에 대해 듣고 싶어 왔습니다."

그러자 조금 흥미를 가지는 듯했다.

"도?"

"예, 그리고 덕에 대해서도."

"꼬마 주제에 어려운 걸 알고 싶어 하는구나."

솔직히 말하면 딱히 알고 싶은 건 아니다. 하지만 정원에 숨어 들어온 일로 꾸중을 듣는 것보다는 공부하고 싶어 몸살 난 범생이 흉내를 내는 게 나았다.

장자는 그래도 감명을 받지 않은 듯했다. 그는 양주에게 알아서 하라는 듯 힐끗 시선을 주었다. 그리고 혜시와 함께 자리를 뜨면서 말했다. 물론 지누가 아니라 혜시에게.

"언젠가 나는 나비가 되어 즐거웠던 꿈을 꾼 일이 있다네. 무척 즐거웠지만 내가 나인 것은 몰랐네. 문득 깨고 나니 나는 나비가 아니라 나더군. 하지만 내가 나비였던 꿈을 꾼 나였는지, 아니면 나였던 꿈을 꾼 나비였는지 모르겠네."

퇴장하면서까지 사람 머리 아프게 만드는 장자였다. 두 사람이 사라지자 양주는 한숨을 내쉬며 다리 난간에 앉아 지누를 바라보았다. 한심하게 여기는 기색이 완연했다.

"내가 왜 너 같은 꼬마를 상대하며 시간을 보내야 하는지 모르겠다. 자, 뭐가 궁금하다고?"

지누는 질문 대신 기억하고 있는 한 구절을 외워 말했다.

"말로 표현할 수 있는 도는 영원히 변치 않는 도가 아니다."

양주는 깜짝 놀란 표정이 되었다.

"뭐라고?"

지누는 또 한 구절을 읊었다.

"큰 덕의 모습은 도와 같다."

양주가 인상을 쓰며 물었다.

"어떻게 그걸 알고 있지? 어디서 들은 거냐?"

"그냥 들었어요."

"그냥?"

"어떤 할아버지가 그렇게 말씀하시더라구요."

양주는 입을 다물었다. 그러고는 한참이나 뒷짐을 지고 서성거리다가 지누를 향해 바로 섰다.

"네가 이미 들어서 알고 있는 노자 선생님과 같이 장자 선생님은 도를 천지만물의 근본 원리라고 보신다."

그 말을 시작으로 또 수업 시간이 되었다.

도는 일(一)이며 완전하므로 그 대상이 없다. 도는 어떤 대상을 욕구하거나 사유하지 않으므로 무위(無爲)하다. 도는 스스로 자기 존재를 성립시키며 절로 움직인다. 그러므로 자연(自然)하다. 도는 있지 않은 곳이 없다. 거미, 기왓장, 똥, 오줌 속에도 있다는 등등의 이야기가 이어졌다.

지누는 필사적으로 하품을 참았다. 어떻게든 참아야만 했다. 가르쳐 달라고 해 놓고 막상 이야기가 시작되자 조는 모습을 보여 줄 순 없으니까. 당장 이해가 안 되는 말이라도 일단 외워 뒀다가 나중에 생각해 보면 될 것이다. 기억나지 않으면 말고.

언젠가 나는 나비가 되어 즐거웠던 꿈을 꾼 일이 있다

호접지몽(胡蝶之夢). 나비가 된 꿈이라는 뜻으로, 물아일체(物我一體)의 경지, 또는 인생의 무상함을 비유하여 이르는 말.

학의 다리가 길다고
자르지 말라

양주의 수업은 계속되었다.

"도가 개별적 사물들에 전개된 것을 덕(德)이라고 한다. 도가 천지만물의 공통된 본성이라면 덕은 개별적인 사물들의 본성이다. 인간의 본성도 덕이다. 이러한 덕을 회복하려면 습성에 물든 심성(心性)을 닦아야 한다. 덕을 회복하게 되면 도와 간격 없이 만날 수 있다."

또 말했다.

"도와 일체가 되면 도의 관점에서 사물을 볼 수 있다. 물(物)의 관점에서 사물을 보면 자기는 귀하고 상대방은 천하다고 할 수 있다. 그러나 도의 관점에서 사물을 보면 만물을 평등하게 볼 수 있다. 인간은 도와 하나가 됨으로써 자연에 따라 살아갈 수 있으며 자유를 누릴 수 있다. 이러한 자유는 천지만물과 자아 사이의 구별이 사라진 지인(至人)이라야 누릴 수 있다. 이 지인은 사람들과 조화를 이루고 천지만물과도 사이좋게 살아갈 수 있다. 이렇게 하늘과 융화하는 것, 이것이 우리 도가가 추구하는 바다. 사람끼리의 인화를 추구하는 유가와 그래서 다르다. 알겠느냐?"

지누는 솔직하게 대답했다.

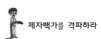 제자백가를 격파하라

"잘 모르겠어요."

양주는 믿을 수 없다는 듯 지누를 뚫어지게 바라보더니 냉랭한 코웃음을 한번 치곤 돌아서서 어디론가 가 버렸다. 그는 화가 난 듯했다. 아마도 양주 선생님은 '이렇게 쉽게 말해 줬는데도 못 알아듣는단 말야? 시간만 낭비했군.' 그렇게 생각하고 계신지도 모른다. 하지만 모르는 건 모르는 거다. 공자님도 그러셨잖은가. 아는 걸 안다고 하고 모르는 걸 모른다고 하는 게 정말로 아는 것이라고.

무심결에 지누는 자기 손으로 자기 머리를 쓰다듬었다. 그런 걸 다 기억하고 있는 자신이 너무 기특해서였다.

'그나저나 이제 어디로 가지?'

범생이 흉내를 낸 덕분에 정원에 숨어 들어온 일은 유야무야 넘어갔지만 다시 나갈 일이 큰일이었다. 남의 집 안을 어슬렁거리다가 누구에게 발견되면 그땐 또 뭐라고 변명한단 말인가. 또 이 집을 나간다고 해도 그다음엔 어디로 갈 것인가. 여태 몰랐는데 거지 노인의 안내가 없으면 지누는 아무것도 할 수 없다는 것을 깨달았다.

하지만 지금 거지 노인은 없다. 그러니 지누가 알아서 판단하고, 알아서 행동해야 할 것 같았다. 지누는 그렇게 하기로 했다. 좋은 생각이 떠올랐다. 여전히 허리춤에 매달려 있는 '책'을 펴 보기로 한 것이다.

거기에 아직도 지금까지 지누가 겪은 일이 실시간으로 기록되고 있다면 그건 과거에 대한 기록이고 현실이다. 그걸 읽어 보면 앞으로 어떻게 해야 할지 힌트를 얻을 수 있을지도 모른다는 게 지누의 생각이었다. 그리고 만에 하나 지누의 행동보다 기록이 더 빠르다면, 그러니까 지누가 아직 하지 않은 어떤 행동이 거기 기록되어 있다면 그건 미래의 일이고, 예언이다. 그러니까 지누가 어떻게 해야 할지 알려 주는 지침이 될 수도 있다.

지금까지 지누가 해 온 여행들에서 책이 어떤 역할을 했는지 모른다면 지누가 이런 기대를, 터무니없는 기대를 하는 걸 이해하긴 힘들 것이다. 하지만 책은 지누의 여행에서 없어서는 안 될 조력자요, 믿을 만한 동료였다. 지금까지 그래 왔는데 지금도 안 그럴 이유는 없다. 하지만 책은 그런 지누의 기대를 무참하게 배신했다. 펼쳐 본 책에는 이렇게 씌어 있고, 씌어지고 있었다.

이게 뭐야? 이건 배신, 배반이야!

하지만 책은 그런 지누의 기대를 무참하게 배신했다. 펼쳐 본 책에는 이렇게 씌어 있고, 씌어지고 있었다.

지누는 그래도 혹시 하는 기대를 가지고 책을 들여다보며 기다렸다. 글자가 하나하나 새겨지고 있었다.

새겨지고 있었다.

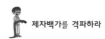
제자백가를 격파하라

지누는 실망스러운 마음으로 두루마리 책을 도로 말았다. 이번 경우에는 책이 아무런 도움이 안 된다는 게 분명해졌다. 아무런 도움 없이 이 상황을 헤쳐 나갈 수밖에 없다는 것도 분명해졌다. 궁지에 몰리면 여러분은 어떻게 하는가. 지누는 적어도 앉아서 울고만 있는 아이는 아니었다. 방향을 몰라도 일단 가고 보는 아이였다.

정원은 긴 담으로 둘러싸여 있는데 한쪽에 둥글게 뚫린 문이 하나, 반대쪽에 똑같이 생긴 문이 하나 있었다. 지누는 그중 아무 문이나 골라서 들어가 반대편으로 나왔다. 아까 있던 곳과 비슷한, 사실 거의 구분하기가 어렵게 생긴 정원이었다. 큰 바위와 나무들이 있고, 연못이 있고, 연못 위에는 구름다리가 있어서 연못 가운데의 섬과 연결되어 있고, 그 섬에는 작은 정자가 있는 그런 정원이었다. 그리고 여기도 두 개의 문이 있었다. 지누가 방금 지나온 문과 그 반대편의 문.

지누는 문을 지나갔다. 그리고 또 문을 지나갔다. 그다음에도 문을 지나갔다. 어디를 가나 거기가 거기 같았다. 지누는 당황하기 시작했다. 그렇게 돌아다녀도 사람이라고는 보이지 않으니 무섭기까지 했다. 이젠 누굴 만날까 봐 걱정이 아니라 아무도 못 만날까 봐 걱정이었다.

그러다가 마침내 한 사람이 눈에 띄었다. 그런데 그는 보통 사람과 달랐다. 그는 공중에 떠 있었다. 연못의 정자 지붕 위로 일 미터는 더 위에 떠 있는 게 아닌가. 그 사람은 마치 잠을 자는 것처럼 팔베개를 하고 누워 있는데 그 사람과 지붕 사이는 아무것도

없는 허공이었다. 눈에 잘 안 보이는 줄에라도 매달려 있나 했지만
뚫어지게 봐도 그런 건 아니었다. 그 사람이 잠꼬대를 하는 것처럼
뒤척이더니 문득 눈을 떠 지누를 보았다.

"넌 뭐냐?"

이런 질문을 받으면 좀 막막하다. 그래도 지누는 한번 경험해 봤
기 때문에 준비된 대답을 할 수 있었다.

"전 대한민국이라는 곳에서 온 지누라고 합니다. 장자 선생님께
도를 여쭤 보러 왔다가 길을 잃고 헤매는 중입니다."

공중에 뜬 사람은 그 말을 듣고 코웃음을 쳤다.

"장자? 그 사람이 무얼 안다고. 차라리 내게 듣는 게 나을 거다. 나는 열자라고 하는데 네가 보듯이 바람을 타고 공중에 떠서 어디에도 머물지 않고 표표히 떠돌아다니지. 아무데도 얽매이지 않는 자유로움이 내 도요 덕이라고나 할까. 너도 그런 것을 배우고 싶지 않느냐?"

그때 문을 통해 정원으로 들어온 장자가 말했다.

"자네는 걸어다니는 일은 면했다고 하지만 여전히 바람이라는 것에 의지하고 있지 않나. 만약 천지의 도를 타고, 여섯 기운의 변화를 다스림으로써 무궁 속에서 노닐 수 있는 사람이 있다면 그가 무엇에 의지하겠는가."

열자는 얼굴이 새파랗게 변해서 무언가 말하려는 듯 입을 벌렸다 닫았다 하더니 '흥' 하는 코웃음 소리와 함께 회오리바람처럼 하늘 높이 올라갔다가 북서풍을 탄 것처럼 먼 곳으로 날아가 버렸다.

'우아' 하며 감탄하고 있는 지누에게 장자가 물었다.

"넌 여기서 무얼 하고 있는 거냐?"

지누가 공손하게 대답했다.

"길을 잃어서 나가지 못하고 있었습니다."

"길은 어디에나 있다. 네가 가면 그곳이 바로 길이다."

그러면서 장자는 한 쪽문을 가리켰다. 아마도 그쪽으로 가라는 뜻인 것 같았다. 지누는 고맙다는 인사를 하고 가려다가 어쩐지 이렇게 끝나면 여기까지 찾아온 보람이 없을 것 같았다. 지누는 다시 공손하게 인사하고 말했다.

"평생 간직할 교훈 하나만 일러 주십시오."

장자는 눈썹을 꿈틀거리며 바라보다가 말했다.

"오리 다리가 짧다고 이어 주지 말 것이며 학의 다리가 길다고 끊어 주지 마라. 본래부터 긴 것은 끊을 것이 아니요, 짧은 것은 이을 것이 아니다. 천성대로 두면 근심은 스스로 없어질 것이다."

그 말을 끝으로 장자는 어디론가 가 버렸다. 지누도 그 자리를 떠나 장자가 가리킨 방향으로 걸어갔다. 곧 지누는 밖으로 나갈 수 있었다. 그리고 거지 노인을 만났다.

열자 | 列子, ?~? |

중국 전국시대 도가(道家)의 사상가로서, 전설의 인물. 이름은 어구(禦寇). BC 400년경 정(鄭)나라에 살았다고 전하나 《사기(史記)》에는 그 전기가 보이지 않고 《장자(莊子)》〈소요유편(逍遙遊篇)〉에 '열자는 바람을 타고 하늘을 날았다.'고 한 것으로 미루어 보아 '장자'가 허구로 가정한 인물로 추정된다.

제자백가를 격파하라

무릇 천하를 다스리려면
반드시 인정에 말미암아야 한다.
인정에는 좋아하는 것과 싫어하는
것이 있으므로 상과 벌을 쓸 수 있다.
상과 벌을 쓸 수 있으면 금령을 세울 수
있고 치도가 갖추어질 것이다

"왜 이리 늦었느냐!"

"어디 가셨었어요!"

두 목소리가 거의 동시에 튀어나왔다. 그중에 더 큰 목소리는 노인의 목소리였다. 게다가 다음 말이 계속 이어졌다.

"바쁜데 얼른 나오지 않고 대체 뭘 하고 있었어!"

지누는 먼저 어이가 없어서, 다음으로는 노인의 기세에 눌려서 더듬더듬 변명했다.

"길이 복잡하더라고요. 게다가 장자 선생님에게 걸려서 한참이나……"

"꾸짖든?"

"그건 아니지만…… 재미없는 이야기를 한참 들어야 했다고요."

"장자가? 의외로구나 그건. 유유자적하게 살아갈 뿐 누굴 가르치는 건 귀찮아할 사람이라고 알고 있었는데."

"장자 선생님 대신 양주 선생님이 가르쳐 주셨죠. 장자 선생님
은 도와 덕에 대해 어떻게 생각하시는지."

"어떻게 생각한다든?"

"그게……."

기억을 떠올리는 지누에게 노인이 손을 저었다.

"그건 천천히 이야기하기로 하고 일단 떠나자. 갈 길이 멀다. 중
양절이 되기 전에 태산까지 가야 하거든."

지누가 놀라 물었다.

"벌써 시간이 그렇게 흘렀나요? 태산은 여기서 먼가요?"

"시간이야 많이 흘렀다고 할 수도 있고 그렇지 않다고 할 수도
있지. 태산도 여기서 멀 수도 있고, 안 멀 수도 있고."

"그건 또 무슨 헷갈리는 말씀이세요.
많으면 많고 적으면 적은 거고, 멀면
멀고 가까우면 가까운 거죠."

그러려무나.
난
안 말린다.

차라리
걸어가는 게
빠르겠네요.

126

"우리가 얼마나 빨리 움직이느냐에 따라 이를 수도, 늦을 수도, 멀 수도, 가까울 수도 있다는 이야기이다. 하여간 일단 타."

노인이 타라고 한 것은 달구지였다. 요즘은 시골에서도 보기 힘든 나무 바퀴가 달린 달구지. 그걸 끄는 것은 비루먹은 노새 한 마리였다. 못 먹어서 수척한 데다 털도 많이 빠져서 안 그래도 불쌍해 보이는데, 달구지에 오르자 '이런 나보고 이 무거운 걸 끌라는 거야?'라는 듯이 슬픈 눈망울로 돌아보는 바람에 내려서 대신 끌어 주고 싶을 정도였다. 하지만 지누는 감정보다는 이성에 따라 판단했다. 즉 조금이라도 편한 쪽을 선택해서 노새의 눈망울을 못 본 척했다.

에고 힘들어~

노인이 '이랴!' 소리를 내자 노새가 천천히 움직였다. 마지못해 가는 눈치가 역력했다. 지누는 어깨를 으쓱하고 말했다.

"차라리 걸어가는 게 빠르겠네요."

"그러려무나. 난 안 말린다."

"그냥 해 본 말이었어요. 하지만 꽤 느리다는 건 정말이에요. 대회에 늦겠어요."

"걱정 마라. 왜 이놈을 타고 가자고 했겠니. 알고 보면 이놈은 지름길을 알고 있어서 걷는 것은 물론 우리가 뛰는 것보다도 빨리 간단다."

믿어지지 않는 이야기였지만 지누가 뭐라 하기 전에 노인이 이어 말했다.

"그래서 양주가 뭐라고 하든?"

지누는 기억나는 대로 이야기를 해 주었다. 나중에 다시 장자를 만난 것과 바람을 타고 날아다니는 열자에 대한 이야기까지, 그리고 헤어지며 장자가 해 준 이야기도 전해 주었다. 노인이 고개를 끄덕였다.

"양주가 한 말에 대해서는 별로 덧붙일 말이 없구나. 들은 그대로지 뭐. 학의 다리 운운한 장자의 말에 대해서는 덧붙일 수도 있겠네. 그래, 넌 그 이야기를 듣고 어떤 생각을 했느냐?"

"그냥…… 당연한 말씀 아닌가요? 누가 오리 다리를 늘이거나 학의 다리를 자르려고 하겠어요. 그렇게 타고난 것인데."

"그런데 알고 보면 사람들은 그런 일을 곧잘 하니까 문제인 것이지. 예를 들어 길을 생각해 봐라. 길은 사람이나 동물이 어디론가 자꾸 다니다 보니 자연스럽게 생긴 것이지. 그런데 사람들이 굳이 돌아가는 길을 질러가게 길을 닦고, 구부러진 길을 바로가게 길을 닦으며, 좁은 길을 넓히기 위해 길을 닦는다. 이걸 인위(人爲)라고 하는 거지. 장자는 거기에 반대해서 그냥 놔두는 게 자연스럽다고 한 거란다."

그건 말이 안 된다고 생각해 지누가 이의를 제기했다.

"그거야 다 필요해서 한 일이잖아요. 빨리 편하게 가려면 당연히 길을 닦아야 하는 거잖아요."

"글쎄? 어디서 어디로 가는데 그리 바빠서 산을 파헤치고 숲을 없애고, 심지어는 거기서 잘 살고 있던 동물들을 내쫓고 사람이 사는 집까지 허물어 가며 길을 내야 하는 것일까? 동물, 사람들이 그냥 잘 살게 내버려두고 조금 돌아가면 안 될까? 그게 장자의 생각이라는 거지. 내 생각은 아니다. 험험."

지누와 노인은 한참 동안이나 말을 하지 않았다. 지누는 방금 들은 것을 생각하느라, 노인은 노새를 부려 길을 재촉하느라 그랬다.

'천천히 가면 어떠냐고 해 놓고 불쌍한 노새만 닦달하네 뭐.'

속으로 투덜거리다가 문득 지누가 물었다.

"그런데 유가를 찾아갔을 때도 그랬지만 이번에는 더 허무해요. 난세를 정리하고 좋은 나라를 만들기 위해 뭘 어떻게 해야 한다는 말은 한마디도 못 들었는걸요."

"들었잖니. 아까 네가 한 말 중에 나왔는데?"

"언제요? 제가 뭐라고 했는데요."

"아무것도 안 한다고."

"예?"

노인은 반복해 말했다.

"아무것도 안 한다. 즉 무위(無爲)야말로 도가의 정치사상이란다. 그냥 자연에 맡기라는 거지. 그게 무위자연(無爲自然), 최고의 행동이라는 것이다."

"그건 그냥 운명에 맡기라는 말이잖아요."

"그거랑은 조금 달라. 사실 아무것도 말라는 것은 나쁜 일은 하지 말라는 뜻일 수도 있거든. 그런데 사람들은 좋은 뜻에서, 좋은 일을 한다고 하지만 결과적으로는 나쁜 일을 하는 경우가 너무나도 많아. 그러니 차라리 아무 일도 하지 말고 돼 가는 대로 내버려 두라는 거지."

지누는 당장 반박할 말이 떠오르지 않아 입을 다물었다. 노인이 그런 지누를 보며 히죽 웃고는 말했다.

"이전에 만난 유가와 묵가는 무언가 하고 싶어 하고 해야만 한다고 생각하는 사람들이었지. 도기는 그와 달리 되도록 손을 안 내는 게 낫다고 생각하는 사람들이란다. 그러니까 이번 대회에 유가와 묵가는 반드시 참가하겠지만 도가에선 아무도 안 올 거야. 이런 거에 관심 없는 사람들이니까."

지누는 기가 막혀 미쳐 버릴 지경이었다.

"아니, 그럼 아무 상관도 없는 사람들에겐 도대체 왜 간 거예요?"

"제일 강력한 우승 후보가 이 도가의 영향을 받아서 나왔거든."

"그게 누군데요?"

"법가(法家)란다. 양주에게서 들은 것처럼 장자에 따르면 도 앞에서는 세상 모든 것이 평등하단다. 법가도 그렇게 주장하지. 법 앞에선 모든 사람이 평등하다고. 다른 말 같지만 알고 보면 같은 생각이라는 거지. 그러니 법가를 이해하기 위해 먼저 도가를 알 필요가 있었던 거야. 법가는 유가에게서도 영향을 받았지. 사람은 근본적으로 이익을 좇아 사는 존재이니 적절한 방법으로 그 본성을 통제할 필요가 있다고 법가는 주장한단다. 어디서 들어 본 이야기 같지 않으냐?"

그러자 바로 기억이 났다.

"순자 선생님이 하신 말씀과 흡사하군요."

"그래. 법가의 대표적인 사람이 한비자인데 이런 말을 했단다. '무릇 천하를 다스리려면 반드시 인정에 말미암아야 한다. 인정에는 좋아하는 것과 싫어하는 것이 있으므로 상과 벌을 쓸 수 있다. 상과 벌을 쓸 수 있으면 금령을 세울 수 있고 치도가 갖추어질 것이다.'라고. 사람이 좋아하는 것과 싫어하는 것을 잘 헤아려서 좋아하는 것을 상으로, 싫어하는 것을 벌로 주면 어떤 행동은 하지 못하도록 할 수

있고, 질서를 잡을 수 있다는 이야기지. 순자의 주장을 발전시킨 이
야기 아니냐"

　그 법가란 사람들에 대해 더 물어보려고 하는데 저만치 앞쪽에
서 소란이 일어나는 것이 보였다. 길 한가운데를 성벽으로 막아
놓았는데 성문 앞에서 실랑이가 벌어지고 있었다.

한비자 | 韓非子, BC 280?~BC 233 |
중국 전국시대 말기 한(韓)나라의 공자(公子)로 법치주의(法治主義)를
주창하였다.

무위자연 | 無爲自然 |
없을 무(無), 할 위(爲), 스스로 자(自), 그럴 연(然). 중국 철학에서 주로
도가(道家)가 제창한 인간의 이상적(理想的)인 행위. 무위는 자연법칙에
따라 행위하고 인위적인 작위를 하지 않는다. 유가(儒家)는 목적 추구의
의식적 행위인 유위(有爲)를 제창하였으나, 도가는 인간의 후천적인 위
선(僞善), 미망(迷妄)이라 하여 이를 부정하는 무위를 제창하였다. 또 역
설적으로 '무위에서야말로 완성이 있다.'고 주장했다. 그 뒤 도가만이 아
니라 유가도 무위를 인간의 의식을 초월한 고차적인 자연 행위, 완성적
행위라고 생각하게 되었으며, 중세 예술론의 근본 개념이 되었다.

제자백가를 격파하라

백마는 말이 아니다

노인이 달구지를 세우고 말했다.

"자, 다 왔다. 저 관문을 지나가면 태산이야."

지누는 놀라서 입을 벌렸다.

"우아, 벌써 왔어요? 눈 깜짝할 새에?"

노인은 달구지에서 내리며 말했다.

"이야기에 빠져서 못 느꼈던 게지. 실제로는 꽤 먼 길을 왔단다. 시간도 많이 흘렀고. 저 산에 물든 단풍을 봐라. 벌써 완연한 가을 아니니. 좀 더 있으면 눈 내리겠다, 얘."

지누도 내리면서 물었다.

"더 타고 가도 될 텐데 왜 내려요?"

노인이 성문을 가리켰다.

"달구지를 타고 저길 지나려면 세금을 내야 하거든. 통행세. 우린 거지니까 그냥 걸어서 가면 세금을 안 내도 되는 거지."

노인은 그렇게 말하면서 달구지에 깔려 있던 멍석을 말아 어깨에 메고는 노새의 엉덩이를 때렸다. 노새는 빈 달구지를 끌고 왔던 길로 되돌아갔다. 노인이 앞장서서 걸으며 말했다.

"자, 가자! 마침 재미있는 일이 벌어진 것 같구나."

성문 앞에서는 말을 탄 몇 사람과 성문을 지키는 병졸들이 싸우고 있었다. 아, 칼과 창으로 싸우는 게 아니라 말다툼이었다. 공자님의 집에서 칼싸움을 본 이후로 피가 튀는 싸움에는 질색을 하는 지누로서는 다행스러운 일이었다. 들어 보니 말에 부과하는 통행세를 낸다 못 낸다 하는 문제로 싸우는 것 같았다.

말 탄 아저씨가 말했다.

"이건 백마지 말이 아닐세. 백마비마(白馬非馬), 즉 백마는 말이 아니기 때문에."

병졸들은 어이가 없다는 표정을 짓고 있었다. 하긴 듣고 있는 이쪽도 어이가 없었으니까. 하지만 말 탄 아저씨는 '뭐가 이상해?'라고 말하는 듯한 표정이었다. 창을 든 병졸들 중 우두머리인 듯한 사람이 나서서 물었다.

"이보시오. 백마가 말이 아니면 대체 뭐란 말이오?"

그는 답답하다는 표정이었지만 말 탄 아저씨는 더욱 답답하다는 듯이 가슴을 치고 말했다.

"백마야 당연히 백마지. 뭐겠나."

아저씨가 계속 말했다.

"말이 아주 안 통하는 친구는 아닌 듯하니 내 자세히 설명해 주겠네. 백마가 말이 아니라는 건 세 가지로 증명할 수 있네. 먼저 '말'이라는 것은 모양이고 '희다'는 것은 빛깔일세. 빛깔은 모양이 아니니 백마는 말이 아니라는 것일세."

지누는 자기도 모르게 중얼거렸다.

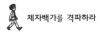

"웬 헛소리래?"

아저씨는 계속 말했다.

"둘째로 말이라고 하면 흰 말, 검은 말, 누런 말이 모두 해당되지만 흰 말이라고 하면 검은 말이나 누런 말은 해당되지 않네. 그러니 흰 말은 말이 아닐세. 마지막으로 말에는 여러 빛깔이 있을 수 있지. 그런 말에서 빛깔을 빼면 말 자체만 남을걸세. 흰 말은 그런 말에다가 흰색을 더한 것이지. 이처럼 말에 흰색을 더한 것이 흰 말이지 말 자체는 아닐세. 그러므로 흰 말은 말이 아니지. 이해하

제자백가를 격파하라

겠나?"

거지 노인이 지누처럼 중얼거렸다.

"'백마'랑 '말'은 글자가 다르다고 하면 더 간단할 것을 그리 복잡하게 말할 건 뭐람."

어쨌건 저 논리가 통한 모양이었다. 병졸들이 반박할 말을 못 찾고 우물쭈물하는 사이 아저씨는 말이 아니라고 주장하는 백마를 타고 관문을 지나가 버렸다. 물론 통행세를 안 내고. 그걸 본 다른 여행자들도 "누런 말은 말이 아닐세."라거나 "검은 말은 말이 아니라니까."라거나 심지어 "천리마는 말이 아니지."라면서 세금을 안 내고 지나갔다.

노인이 투덜거렸다.

"우리도 공짜로 지나갈 수 있었는데."

"노새는 당연히 말이 아니죠."

"아니, 노새랑 달구지는 또 따로 세금을 받거든. 하지만 늙은 노새는 노새가 아니라거나 낡은 달구지는 달구지가 아니라는 식으로 지나갈 수도 있지 않겠느냐."

지누는 웃었다.

"그거 말 되네요."

두 사람은 걸어서 관문을 지나갔다. 물론 통행세 같은 것은 없었다. 노인이 저만치 앞서가는 사람, 특히 백마는 말이 아니라고 주장한 사람을 가리키며 말했다.

"저 사람은 알고 보면 꽤 유명하단다. 공손룡이라고 하는데 명

가의 대표적인 인물이지. 명가가 뭐냐고? 이름 명(名), 집 가(家), 조
금 전에 본 것처럼 이름의 의미를 따지고 논리를 추구하는 학파란
다. 대개는 말장난이라고 보는 사람도 있지만 말이다. 뭐 어느 정
도 그게 사실이긴 하지. 가령 이런 일이 있었단다."

그러면서 노인이 들려준 이야기는 이랬다.

어느 마을의 부자가 강에 빠져 죽었다. 뱃사공이 시체를 건졌는
데 부잣집에 엄청난 금액의 보상을 요구했다. 당황한 부잣집 사
람들은 변론을 잘하기로 유명한 등석이라는 사람을 찾아가 상의
했다. 등석은 기다리라고 했다. 시체를 팔 수 있는 곳은 당신네 집
뿐이니 기다리면 값이 내려갈 거라는 것이다. 시간이 가면 시체가
부패한다고 걱정하자 부패하면 부패할수록 값이 내려갈 거라고
했다.

부잣집 사람들이 시체를 사러 오지 않자 걱정이 된 뱃사공도 등석을 찾아갔다. 등석은 뱃사공에게도 기다리라고 했다. 시체를 살 수 있는 곳은 당신네 집뿐이니 기다리면 값이 올라갈 거라는 것이다. 시간이 가면 시체가 부패한다고 걱정하자 부패하면 부패할수록 값이 올라갈 거라고 했다. 이 등석이라는 사람 또한 명가의 일원이라고 했다.

들고 있던 지누가 몸서리를 치며 말했다.

"끔찍하네요."

"그치? 끔찍하지? 옳고 그름이 날마다, 사람마다 바뀌니 말이다."

지누가 끔찍하다고 한 것은 시체를 두고 파니 마니 하는 것 때문이었지만 노인의 생각은 다른가 보다.

"그래서 어떻게 됐나요?"

"몰라. 그 일이 어떻게 해결됐는지는 모른다. 하지만 등석이 어떻게 됐는지는 알지."

"어떻게 됐는데요?"

"그른 것을 옳다고 하고 옳은 것을 그르다고 한 죄로 사형당했단다."

지누는 다시 한 번 몸서리를 쳤다. 그리 좋은 사람 같지는 않았지만 사형당할 정도로 나쁜 사람 같지도 않아서였다.

그런 이야기를 하며 걷는 동안 지누와 노인은 앞서가던 사람들을 따라잡았다. 다들 말을 타고 있지만 서로 이야기하느라 느릿느릿 가고 있었기 때문에 쉽게 거리가 좁혀진 것이다. 자연스레 지누는 그 사람들이 나누는 대화를 들을 수 있었다.

"강아지는 개가 아니야. 강아지는 개의 새끼 아닌가. 그건 개와 다르지."

"한 자 되는 지팡이를 날마다 절반으로 자른다면 영원히 다 자를 수 없을걸세. 자르고 잘라도 늘 절반이 남을 테니까."

모든 이야기가 이런 식이었다. 지누는 어디서 비슷한 이야기를 들은 기억이 있어 곰곰 생각에 잠겼다. 기억났다. 그리스 철학을 배울 때 제논의 역설이라는 걸 들은 일이 있었다. 그중에 아킬레스는 거북이를 따라잡을 수 없다는 역설이 있었다. 아킬레스는 트로이 전쟁에 참가한 용감한 장군인데 빨리 달리는 것으로도 유명했다고 한다. 이 아킬레스와 거북이가 경주를 하되 거북이를 앞서 출발시키면 아킬레스는 거북이를 따라잡을 수 없다고 제논은 주장했다. 왜냐하면 아킬레스가 거북이를 따라잡으려면 먼저 거북이가 있던 곳까지 가야 하는데, 거북이도 쉬고 있지는 않을 것이기 때문에 일정 거리를 갔을 것이고, 그러면 또 그 자리로 가야 하고, 그때 거북이는 조금이나마 앞으로 갔을 테고……. 이런 식으로 무한 반복된다는 것이다. 방금 지팡이를 절반으로 자르는 이야기도 어딘가 비슷하지 않은가.

'그런 걸 아마 궤변이라고 하지?'

그렇다면 이들 명가 사람들도 궤변론자일까?

한편으로는 무한히 잘게 쪼개 나가다 보면 더 이상 쪼갤 수 없는 가장 작은 것이 남게 된다는 점에서는 데모크리토스의 원자론

제자백가를 격파하라

과도 비슷하다. 오랜 옛날에는 서양이건 동양이건 비슷한 생각을 했던 모양이다.

"괴이한 학설을 연구하기를 좋아하며, 기괴한 말을 가지고 노는 데 매우 상세하지만 쓸모가 없으며 말이 하나하나 사리에 들어맞으나 쓸모가 없으며, 일을 많이 하여도 성과가 적어서 나라를 다스리는 원칙으로 삼을 수 없다. 그런데도 그들의 지론에 근거가 있고 그들이 말하는 것이 조리가 있어서 족히 어리석은 대중을 속일 수 있다."

노인이 말했다. 그게 무슨 말이냐고 묻기 전에 노인이 먼저 설명했다.

"명가에 대해 순자가 평한 말이란다. 명가가 적어도 개념과 논리라는 면에서는 어느 정도 뛰어난 점이 있음을 인정한 것이지. 백마는 말이 아니다라는 말에는 백마의 개념과 말의 개념은 크기가 다르다는 점을 지적한 게 아니겠니."

지누는 고개를 끄덕였다. 사실 속으로는 그렇거나 말거나 무슨 상관이람 하는 생각이 들었다. 제자백가 논변대회가 곧 열리는데, 바로 여기서 열리는데도 지누는 아직 어떻게 해야 우승할지 방법을 알 수가 없었다. 지누는 여태 만난 제자백가의 사람들과 학파를 생각해 보았다.

유가의 공자, 맹자, 순자, 도가의 노자, 장자, 혜시, 묵가의 묵자와 그 제자들, 그리고 여기 명가의 공손룡. 어, 이상하다. 거지 할아버지는 제자백가 중 여섯 개가 중요하다고 했는데 그럼 아직 둘은 못 만난 거잖아.

지누가 바로 그 점을 질문하자 노인이 대답했다.

"법가와 음양가를 아직 못 만났지. 음양가는 곧 보게 될 테고, 법가는 흥, 걱정 마라. 그자들도 반드시 보게 될 테니까. 법가는 이번 대회를 여는 진나라 왕에게 봉사하고 있단다."

공손룡 | 公孫龍, BC 320~BC 250 |

중국 전국시대 조(趙)나라의 사상가. 그의 저서는 《한서(漢書)》의 〈예문지(藝文誌)〉에 14권이라고 기록되어 있다. 현존하는 것은 〈적부편(跡府篇)〉〈백마편(白馬篇)〉〈지물론(指物論)〉〈통변론(通變論)〉〈견백론(堅白論)〉〈명실론(名實論)〉의 6편이 있다.

백마비마 | 白馬非馬 |

흰 백(白), 말 마(馬), 아닐 비(非), 말 마(馬). 백마는 말이 아니다.

제논 | BC 490~BC 430 |

이탈리아 엘레아 출생. 엘레아학파의 원조(元祖)인 파르메니데스의 제자이다. 불생불멸(不生不滅)의 유일한 실재(實在)를 인정하고, 사물(존재)의 다원성(多元性)과 운동을 인정하지 않는 파르메니데스의 설을 옹호하여, 다원성과 운동을 인정하면 어떠한 자가당착(自家撞着)이 일어나는가를 역설적인 논법으로 증명하였다.

제자백가를 격파하라

천지가 아직 생기기 전에는 혼돈의 기만 있었다. 천지는 이 기로부터 분화되어 나온 것이다

말을 탄 명가 사람들과 지누 일행은 산 중턱에 세워진 큰 집에 도착했다. 벽은 통나무로, 지붕은 나무 판자로 지어진 집이었다.

"객잔이란다."

"객잔이 뭔데요?"

"여관 같은 곳이지. 여기서 오늘밤을 보내고 날 밝으면 산을 오르는 거다. 거기 대회장이 준비돼 있을 거야."

다시 걱정이 밀려왔다. 사소한 걱정도 있었다.

"여관비는 있나요?"

"여관비?"

"여기 묵으려면 돈을 내야 하잖아요."

"거지한테 무슨 돈이 있니. 우린 방을 잡지 않고 그냥 난롯가에서 밤을 지새는 거야. 그건 따로 돈을 받지 않을 테니까."

"식사는요?"

"얻어먹어야지."

당연한 걸 왜 묻느냐는 듯 흘겨보고는 노인은 안으로 들어갔다.

지누도 마지못해 따라 들어갔다. 아직 동냥을 한 것도 아닌데 괜히 얼굴이 붉어졌다.

집 안의 구조는 간단했다. 넓은 거실이 있고 그 뒤로는 방이 두 개 있었다. 운동장처럼 넓은 방에 무릎 높이의 마루가 있어서 사람들은 거기 나란히 누워 잤다. 물론 숙박료를 낸 사람들만. 지누와 노인은 거지였기 때문에 방으로는 못 들어가고 거실 화로 옆에 자리를 잡고 앉았다. 노인의 말대로 굳이 구걸을 하지 않아도 오가는 사람들이 먹을 것을 던져 주었기 때문에 배는 채울 수 있었다. 그 뒤에는 화로의 불기를 쬐며 꾸벅꾸벅 졸았다. 거실에 나와 술을 마시는 사람들이 나누는 이야기가 귀에 들어왔다.

"천지가 아직 생기기 전에는 혼돈의 기만 있었어. 천지는 이 기

로부터 분화되어 나온 것이지. 그 기란 음과 양일세. 땅은 음이고 하늘은 양이지. 천지가 분화되어 나오게 되면 다섯 가지 덕이 돌아가며 세계를 주도하게 되네. 사람은 그런 자연의 변화와 관계가 있어. 자연계에 어떤 덕이 강해지게 되면 그 조짐이 나타나 그 사실을 예고하지. 인간 세계를 다스려야 할 제왕은 이러한 조짐을 보고서 그 왕조가 취해야 할 조치를 강구해야 해."

"그 다섯 가지 덕이 무엇인지 난 아네. 화수목금토, 즉 불과 물, 나무와 쇠, 그리고 흙이라는 오행(五行)이지. 오행상생과 오행상승, 오행은 서로 살리고 서로 이긴다네. 나무는 불을 낳고, 불은 흙을 낳고, 흙은 쇠를, 쇠는 물을, 물은 나무를 낳지. 또한 물은 불을 이기고 불은 쇠를 이기고, 쇠는 나무를, 나무는 흙을, 흙은 물을 이기지. 이것이 오행의 법칙일세."

"세상 모든 것은 음양과 오행의 법칙에 따라 구성되고 움직이네. 가령 사람의 몸도 그렇지. 오행의 화에 해당하는 장기는 심장일세. 수에 해당하는 장기는 신장과 방광이지. 목은 간장, 금은 폐와 대장, 토는 위장. 색깔도 그렇네. 화는 빨강, 수는 검정, 목은 파랑, 금은 하양, 토는 노랑일세. 맛 또한 그러니……"

그 뒤로 오행에 해당하는 맛과 감각, 기분까지 길게 이어졌다. 지누는 듣다가 지루해서 깜빡 졸았다. 깜빡이 아니었나 보다. 다시 눈을 떴을 땐 이미 창밖

이 밝아지고 있었으니 새벽이었다. 어젯밤의 나그네들은 아직도 이야기를 이어가고 있었다.

"이럼으로써 우리는 하늘을 공경하고 따르며, 해와 달과 별의 운행을 관측하고 계산하여 백성들에게 농사철을 알려 주는 달력을 만들어 배포하였으니 세상에 큰 공을 세웠다 할 수 있을걸세."

아직 자는 줄 알았던 노인이 한쪽 눈만 뜨고서는 지누에게 속삭였다.

"이 사람들이 음양가란다. 음양과 오행의 이론으로 세상을 설명하고 미래를 예언하기 때문에 음양가라고 부르지. 자기들 말마따나 그런 공은 있지만 미래를 예언하는 일에 매달리다 보면 점쟁이가 되고, 점쟁이가 되면 귀신에 의지하게 되는 나쁜 점이 있지. 이 사람들보다는 저기 저쪽에서 대화하는 두 사람이 더 재미있지 않니."

지누는 노인이 가리키는 쪽으로 눈을 돌렸다. 놀랍게도 아는 사람이 거기 있었다. 맹자가 누군가와 대화하고 있었던 것이다. 말소리가 들려왔다.

추연 | 鄒衍, ?~? |

중국 전국시대의 사상가. 추연(騶衍)이라고도 한다. 맹자보다 약간 늦게 등장하여 음양오행설을 제창하였다. 세상의 모든 사상(事象)은 목(木)·화(火)·토(土)·금(金)·수(水)의 오행상승(五行相勝) 원리에 의하여 일어나는 것이라 하였다.

제자백가를 격파하라

허행 가라사대, 임금은 백성과 함께 밭을 갈아서 양식을 마련하여 직접 밥을 지어먹으면서 정치를 해야 한다

"허행 선생님은 임금은 백성과 함께 밭을 갈아서 양식을 마련하여 직접 밥을 지어먹으면서 정치를 해야 한다고 말씀하셨습니다."

맹자가 물었다.

"당신 선생 허행은 곡식을 직접 심어서 먹는가?"

"그렇습니다."

"당신 선생 허행은 삼베를 직접 짜서 입는가?"

"아닙니다. 사 입습니다."

"당신 선생 허행은 모자를 쓰시는가?"

"흰 비단 모자를 쓰십니다."

"직접 짠 것을 쓰시는가?"

"아닙니다. 곡식을 주고 바꾼 모자를 쓰십니다."

"당신 선생 허행은 어째서 직접 모자를 만들어 쓰지 않으시는가?"

"농사일에 방해가 되기 때문입니다."

"당신 선생 허행은 가마솥과 시루에 밥을 지으며, 쇠로 만든 농기구로 농사를 짓는가?"

"그렇습니다."

"그것들은 스스로 만든 것인가?"

"아닙니다. 곡식을 주고 바꿔 온 것들입니다."

"곡식을 가지고 농기구를 바꾸는 일은 도자기 굽는 사람이나 농기구 만드는 사람을 해치는 일이 아니니, 구운 도자기나 농기구를 가지고 곡식과 바꾸는 것이 어찌 농부를 해치는 일이 되겠는가? 그리고 당신 선생 허행은 어째서 직접 도자기를 만들어 쓰지 않으시는가? 어째서 번잡하게 온갖 기술자들과 물건을 바꾸시는가?

어째서 이러한 번거로움을 싫어하지 않으시는가?"

"온갖 기술자들의 일을 농사일과 함께 할 수는 없습니다."

"그렇다면 천하를 다스리는 일만은 농사일과 함께 할 수 있다는 것인가? 대인이 할 일이 있고 소인이 할 일이 따로 있는 법일세. 한 사람의 몸에 온갖 기술자의 기술이 다 갖추어져 있다고 해도 반드시 무엇이건 자신이 직접 만들어 쓰게 한다면 이건 세상사람 모두를 수고롭게 하는 일이 아닌가. 어떤 사람은 마음을 수고롭게 하고 어떤 사람은 몸을 수고롭게 하는 법이라서, 마음을 수고롭게 하는 사람은 남을 다스리고 몸을 수고롭게 하는 사람은 남에게 다스림을 받는 법일세. 남에게 다스림을 받는 사람은 남을 먹여 살리고, 남을 다스리는 사람은 남에게서 얻어먹는 게 세상 이치 아닌가."

노인이 하품을 하며 일어나더니 지누에게 말했다.

"더 들을 필요 없겠다. 그만 가자."

지누는 노인을 따라 집 밖으로 나갔다. 새벽의 쌀쌀한 바람이 깃으로 파고들어와서 지누는 몸을 움츠렸다. 입은 것만 보면 지누보다 훨씬 헐벗은 노인은 춥지도 않은지 기지개를 펴고는 산길을 가리켰다.

"얼른 가야 좋은 자리를 잡지. 가자."

지누는 걸으면서 물었다.

"맹자님이랑 이야기하던 분은 누구죠? 심하게 꾸중을 듣는 것 같은데."

"진상이라는 사람인데 원래는 유가의 일원이란다. 그런데 농가

(農家), 즉 농사일을 중요하게 여기는 학파의 허행이라는 선생을 만나서 제자가 되어 버렸단다. 유가에서 보기에는 배신자지. 그래서 맹자가 화를 낸 거야."

"농가라…… 재미있는 이름이네요. 그것도 제자백가의 하나인가요?"

"그중 하나지. 그리 중요하지 않아서 만날 생각도 안 했는데 그렇게 보게 되는구나."

"농가에서 주장하는 게 뭔데요?"

"뭐 간단히 말하자면……, 일하지 않는 자는 먹지도 말라는 거지."

노인은 더 이야기하기 귀찮다는 듯 손을 내젓고는 부지런히 걸음을 옮겼다. 그리 높지 않은 산이라 곧 정상이 눈에 들어왔다. 거기에는 벽돌로 포장한 넓은 광장이 있고, 광장 가운데는 나무로 만들어진 단상이 있었다. 단상 주위에는 이미 수십 명의 사람들이 있었고, 점점 더 많은 사람들이 몰려왔다.

노인이 말했다.

"여기가 제자백가 논변대회가 열리는 곳이란다."

지누가 말했다.

"꼭 격투기의 링 같네요."

아차 했다. 이 할아버지가 '격투기의 링'이라는 말을 알아들을

리 없잖은가. 그런데 노인은 고개를 끄덕였다.

"오늘 여기서 큰 싸움이 벌어질 거다."

허행 | 許行, ?~? |

농가(農家)의 대표적인 인물. 농가는 농업을 중시하고 농경에 힘써서 의
식(衣食)을 충족시켜야 한다고 주장한 고대 중국의 학파.

제자백가를 격파하라

내가 천자의 칼과 제후의 칼,
필부의 칼을 알려 주겠노라

대회는 해가 높이 떠오르자 시작되었다. 징소리와 북소리가 울리자 화려한 관복을 입은 사람이 단상에 올라가 '천하에 군웅이 할거하여'로 시작해서 '헤아려 주기를 바라노라'로 끝나는 포고문을 읽고 제자백가 논변대회의 시작을 선포했다.

처음에는 관람객도 많지 않고 나와서 이야기하는 사람들도 별로 유명하지 않은 사람들이었다. 노인은 모두 무시해도 좋다고 했다. 여기 오기 전 만난 학파의 사람들이 나오기 전에는 모두 우승과는 상관없는 학파 사람들이라서 그렇다고 했다.

점점 더 관람객이 많아졌다. 단상에서는 논쟁이 벌어지고 있었다. 먼저 소진이라는 사람이 나와 여러 나라가 힘을 합쳐 강력한 진나라와 대결하자고 주장했다. 그걸 합종의 계책이라고 하면서. 그다음에는 장의라는 사람이 나와서 진나라의 강력함은 다른 나라들이 모두 힘을 합쳐도 이길 수 없으니 차라리 진나라와 동맹을 맺어 각 나라의 안전을 보장받아야 한다고 주장했다. 그걸 연횡의 계책이라고 한다면서.

먼저 내려갔던 소진이 다시 올라가 장의를 욕했다. 장의도 지지

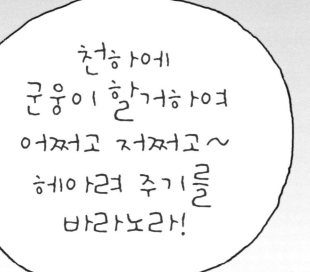

않고 맞받아쳤다. 곧 두 사람은 머리끄덩이를 붙잡고 싸우기 시작했다. 관람객들은 두 사람의 주장보다 싸움 구경이 더 재미있다는 듯 소리를 지르고 박수를 쳤다.

단상에서 엎어지고 뒹굴며 싸우던 두 사람은 부둥켜안은 채로 단상 아래로 굴러 떨어져 시야에서 사라졌다. 사람들의 고함 소리가 움직이는 것으로 보아 단상 아래에서도 계속 싸우는 모양이었다.

이제 단상에는 맹자가 올라왔다.

노인이 중얼거렸다.

"이제 메인 게임이 시작되는군."

처음에 지누는 뭐가 이상한지 몰랐다. 그러다가 문득 깨달았다. 노인이 '메인 게임'이라는 말을 했다는 사실을. 지누는 노인을 한참이나 쳐다보았다. 노인이 시선을 의식한 듯 지누를 보며 물었다.

"뭘 보냐? 맹자가 말하는 거 안 보고."

"이미 다 아는 이야기인데요 뭐. 인간의 본성은 선하다. 그 선한 본성을 북돋는 교육을 하자. 그리고 정치를 하자. 그게 왕도정치다. 뭐 그런 이야기네요."

"그래 그럼 그다음은 누가 나올지 알겠지?"

"순자 아닐까요. 공자님은 안 오신 것 같으니까."

과연 순자였다. 그 역시 이미 들은 이야기를 했다. 인간의 본성은 악하다. 그걸 억누를 수 있는 교육을 하자. 그리고 정치를 하자.

묵자가 제자들과 함께 단상에 오르자 분위기가 뜨거워지기 시작했다. 닌자 같은 그들이 모습을 나타내자 따분해하던 관람객들은 흥미진진해하는 모습을 보였다. 제자들을 뒤에 세우고 묵자가 이야기를 시작했다. 역시 이미 들은 이야기였다. 모든 사람을 사랑해야 한다. 남이라도 가족처럼 사랑하고, 다른 나라도 내 나라처럼 사랑하면 다툼은 없어질 것이다. 그런 이야기였다.

그들의 이야기가 끝나지도 않았는데 장자가 단상에 올라갔다. 묵자가 입을 다물자 장자가 말했다.

"그대들 묵가의 무리는 살아서는 노래하지 않고, 죽어도 상복을 입지 않는다. 세 치 두께의 오동나무 관에 겉 관도 사용하지 않는 것을 법식으로 삼는다. 이런 방식으로 사람들을 가르치다 보면 아마도 사람들은 그대들이 주장하는 것처럼 남을 사랑하게 되는 게 아니라 오히려 남을 사랑하지 않게 될 것이며, 이런 방식으로 스스로가 행동을 하다 보면 틀림없이 자기 스스로도 사랑하지 않게 될 것이다."

묵자의 제자들이 분분히 칼을 뽑았다. 그러나 장자는 아랑곳하지 않고 계속 말했다.

"묵자의 도를 일부러 파괴하려는 것은 아니다. 그렇지만 노래를 해야 할 때도 노래하지 않고, 곡을 해야 할 때도 곡을 하지 않고, 즐겨야 할 때도 즐기지 않는다면 이것을 과연 인정에 가까운 일이라 할 수 있겠는가? 당신들은 살아서는 열심히 일만 하고, 죽어서는 박대를 받게 되니, 당신들의 도란 너무 각박한 것이다. 사람들로 하여금 근심이나 하게 하고, 사람들로 하여금 슬프게만 만드는 것이다. 그리고 그것은 실행하기도 어려운 것이다. 아마도 그것은

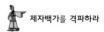
제자백가를 격파하라

성인의 도라 할 수가 없을 것이다.”

  묵자의 제자들이 앞으로 나서려 했다. 묵자는 손을 들어 그걸
막았다. 장자가 계속 말했다.

"세상 사람들의 마음을 배반하는 것이므로 세상 사람들은 감당할 수가 없을 것이다. 묵자가 비록 홀로 그것을 실행할 수 있다 하더라도 세상 사람들은 어찌할 것인가? 온 세상으로부터 떨어져 있는 것이라면 그것은 왕도로부터 멀리 떨어져 있는 것이다."

묵자가 물었다.

"다 말했소?"

이때 순자가 올라와 외쳤다.

"나도 한마디 하지."

묵자는 무뚝뚝하게 말했다.

"해 보시오."

순자가 말했다.

"그대들은 천하를 통일하는 것과 국가의 준칙을 건립하는 것에 관해서는 알지 못하면서 나눔을 숭상하고 검약을 중시하면서 차등을 없애려 하지. 그건 어리석은 생각일세. 그래서는 나라를 안정시킬 수 없어. 사람의 본성은 악하기 때문에."

묵자의 제자들이 외쳤다.

"이 두 사람을 베어 버릴까 합니다. 허락해 주십시오!"

장자가 외친 사람을 비웃듯 바라보며 말했다.

"필부의 칼을 휘두르려 하는 자여, 내가 천자의 칼과 제후의 칼, 필부의 칼을 알려 주겠노라."

묵자가 말했다.

"말해 보시오."

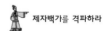

"천자의 칼이란 연나라의 계곡과 변방의 석성을 칼끝으로 하고, 제나라의 태산을 칼날로 삼으며, 진과 위나라가 칼등이 되고, 한 나라와 위나라가 칼집이 되며, 사방의 오랑캐들로 씌우고, 사계절 로 감싸서, 그것을 발해로 두르고, 상산을 띠 삼아 묶고, 오행으로 제어하고, 형벌과 은덕으로 논하며, 음양의 작용으로 발동하고, 봄 과 여름의 화기로 유지하고, 가을과 겨울의 위세로 발휘케 한다. 이 칼을 곧장 내지르면 앞을 가로막는 것이 없고, 아래로 내리치면 걸 리는 것이 없으며, 휘두르면 사방에 거칠 것이 없다. 위로는 구름

을 끊고, 아래로는 땅을 지탱하는 큰 줄을 자를 수 있다. 이 칼은 한번 쓰기만 하면 제후들의 기강이 바로 서고, 천하가 모두 복종하게 된다. 이것이 천자의 칼이다."

묵자가 중얼거렸다.

"재미있군. 제후의 칼은?"

"제후의 칼은 용기 있는 자로 칼끝을 삼고, 청렴한 사람으로 칼날을 삼으며, 현명하고 어진 사람으로 칼등을 삼고, 충성스러운 이로 칼자루의 테를 삼으며, 호걸로 칼집을 삼는다. 이 칼 역시 곧장 내지르면 앞에 가로막는 것이 없고, 위로 쳐 올리면 위에 걸리는 것이 없으며, 아래로 내치면 아래에 걸리는 것이 없고, 휘두르면 사방에서 당할 것이 없다. 위로는 둥근 하늘을 법도로 삼아 해와 달과 별의 세 가지 빛을 따르고, 아래로는 모가 난 땅을 법도로 삼아 사계절을 따르며, 가운데로는 백성들의 뜻을 헤아리어 사방의 온 나라를 편안하게 한다. 이 칼을 한번 쓰면 천둥소리가 진동하는 듯하며, 나라 안 사람들이 복종하지 않는 이가 없게 되어 모두가 임금님의 명령을 따르게 된다. 이것이 제후의 칼이다."

"필부의 칼은?"

장자는 지독하게 조롱하는 눈빛으로 묵자와 그 제자들을 바라보며 시를 읊듯 말했다.

"필부의 칼은 더벅머리에 살쩍은 비쭉 솟았으며, 낮게 기운 관을 쓰고, 장식이 없는 끈으로 관을 묶었으며, 소매가 짧은 옷을 입고, 부릅뜬 눈에 말을 더디게 하면서 임금님 앞에서 서로 치고받으며

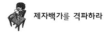
제자백가를 격파하라

싸우되, 위로는 목을 베고, 아래로는 간과 폐를 찌른다. 이것이 바로 필부의 칼이며, 이른바 투계와 다를 것이 없다. 일단 목숨을 잃고 나면 이미 나랏일에 쓸모가 없게 된다. 그대들이 바로 이와 같다."

"더 이상 못 참겠다!"

묵자의 제자들이 앞으로 달려 나오며 칼을 높이 들었다. 그때 단상 위로 한 사람이 뛰어 올라갔다.

"멈추어라!"

머리에 띠를 두른 젊은 청년이었다.

노인이 눈을 반짝이며 말했다.

"영웅이 등장했다. 저 젊은이가 바로 법가의 한비자다."

소진 |蘇秦, ?~?|

중국 전국시대 중엽의 유세가. 귀곡자(鬼谷子)에게 가르침을 받았다. 진나라에 대항하여 다른 여섯 나라가 연합하라는 합종의 계책을 주장하였다.

장의 |張儀, ?~BC 309|

소진과 함께 귀곡자에게 가르침을 받았다. 진나라를 중심으로 동맹을 맺는 연횡의 계책을 주장하였다.

제자백가를 격파하라

선왕을 들먹이고 인의를 말하는 사람이 조정에 가득할지라도 정사는 어지러움을 면치 못할 것이다

한비자 가라사대,

"당신들처럼 선왕을 들먹이고 인의를 말하는 사람이 조정에 가득할지라도 정사는 어지러움을 면치 못할 것이오. 천하는 법을 확립하고 벌과 상을 엄격하게 줌으로써만 가능하오. 군주는 상벌에 공평무사해서 진실로 공이 있으면 비록 자기와 소원한 사람이거나 미천한 사람에게도 반드시 상을 주고, 진실로 잘못이 있으면 비록 자기와 가깝고 사랑하는 사람일지라도 반드시 벌을 주어야 하오. 임금에게 정치의 기술이 없으면 위에서 가리워지고, 신하에게 법이 없으면 아래에서 어지러워지는 것이오. 이 가운데 하나라도 없으면 안 되니, 이것들이 바로 제왕의 도구인 것이오."

말릴 사이도 없이 떠벌리는 청년 한비자를 멍하니 바라보다가 순자가 말했다.

"한비야. 너는 내 제자지만 지금 한 말은 무슨 뜻인지 모르겠구나. 제왕이 갖추어야 할 정치의 기술이라는 게 대체 뭐냐?"

한비자가 대답했다.

"정치의 기술이란 능력에 따라 관직을 주고 명분에 따라 그 실질을 요구하는 것으로서, 살리고 죽이는 칼자루를 붙잡고서 뭇 신하들의 능력을 고찰하여 평가하는 것이니, 이는 군주가 잡고 있어야 하는 것입니다."

순자가 고개를 설레설레 저었다.

"내가 내체 언제 네게 그런 것을 가르쳐 주었느냐."

한비자가 대답했다.

"스승님에게 저는 인간의 본성이 악하다고 배웠습니다. 저도 그렇게 생각합니다. 사람은 이익만을 추구하는 존재입니다. 그걸 통제하는 방법은 엄격한 법밖에 없습니다. 하지만 벌만으로는 사람을 다스릴 수 없습니다. 적절하게 상을 섞어 줌으로써 비로소 사람들을 마음대로 부릴 수 있는 것입니다. 그와 같은 진리를 저는 제자백가의 여러 이론들을 살펴보고 깨달았습니다. 가령 도가에서는 도 앞에서 모든 사물이 평등하다고 합니다. 저는 이 말을 법 앞에서는 모든 사람이 평등하다고 바꾸어 생각해 보았습니다. 여기에는 결코 감정의 요소가 없으며 단지 하나의 통일된 자로 사물을 재는 것입니다. 누구에게도 특별히 사정을 봐주지 않는 것이지요."

순자는 기가 막힌다는 듯 물었다.

"스승인 나조차도?"

한비자는 고개를 끄덕였다.

"물론입니다."

그리고 손을 들어 신호를 보냈다. 광장에 웅장한 발걸음 소리가

제자백가를 격파하라

들려왔다. 광장을 완전히 에워싸고 수많은 병졸들이 나타났다. 그
중 일부는 대오를 이루어 관람객들을 가르고 단상을 향해 걸어왔
다. 그 선두에는 갑옷을 입은 청년이 있었다.

순자가 인상을 썼다.

"이사, 너마저도……!"

한비자와 함께 그에게서 배웠던 제자 이사였다.

한비자가 단상 위와 아래에 있는 제자백가에게 높은 소리로 말
했다.

"저마다 옳음을 주장하기를 그치지 않으면 이 자리에서 죽을 것이오. 앞으로 이러니저러니 떠들지 않겠다고 약속하면 집으로 돌려보내 주겠소. 하지만 약속을 지키지 않는다면 언제든지 벌을 줄 것이니 주의하시오. 이제 천하는 진나라의 것이오."

청년 한비자의 얼굴은 상기되어 있었다. 자신이 제자백가 논변대회의 우승자라고 확신하고 있는 것이다. 그러나 한순간 그의 얼굴이 창백해졌다. 가슴팍으로 칼끝이 삐죽이 나와 있었다.

지누는 비명을 질렀다. 그 비명 소리는 수많은 관람객들의 탄성에 섞여 사라졌다.

한비자는 천천히 뒤를 돌아보았다. 이사가 미소 띤 얼굴로 그를 바라보고 있었다. 손에는 한비자를 찌른 칼을 쥐고 있었다.

한비자가 물었다.

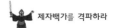
제자백가를 격파하라

"왜? 왜 날?"

이사가 말했다.

"승자가 둘일 수는 없으니까."

그는 칼을 힘껏 뽑았다. 한비자는 피를 흘리며 단상에 쓰러졌다. 이사가 피 묻은 칼을 들어 올리며 외쳤다.

"아무도 이 자리를 벗어나지 못한다. 제자백가의 무리들은 모두 여기서 책을 바치고 목숨을 내놓아야 한다. 책은 불태워 버리고 너희 제자백가의 무리들은 큰 구덩이에 묻어 버릴 것이다. 그것이 진나라 왕, 아니 이제 진시황이라고 불리시는 분의 의지이자 이 이사의 의지다! 대회는 끝났다!"

병졸들에게 둘러싸여 화려한 복장을 하고 큰 관을 쓴 사람이 단상에 올랐다. 그 사람이 아마도 진시황인 모양이었다. 그 옆에는 애지가 있었다.

저도 모르게 애지를 부르며 앞으로 나가려는 지누를 노인이 잡았다. 그리고 손으로 지누의 입을 막고 뒤로 끌고 갔다. 사람들은 큰 혼란 상태에 빠져 있었다. 도대체 무슨 일이 일어난 거냐고 소리쳐 묻는 사람들도 있었고, 주먹을 휘두르며 화를 내는 사람들도 있었다. 특히 제자백가 사람들이 그랬다.

"책을 태우고 제자백가의 사람들은 파묻어 버리겠다고? 분서갱유(焚書坑儒)를 하겠다는 말이냐? 하늘의 벌이 무섭지도 않으냐!"

하얀 수염을 길게 기른 할아버지가 외쳤다.

"난 그냥 구경꾼이오! 제자백가의 무리하고는 아무 상관이 없어요! 난 그냥 보내 주시오!"

한 젊은이는 목에 핏대를 세우고 주먹을 휘두르며 외쳤다.

"여러분 도망가지 말고 맞서 싸워야 합니다! 어차피 죽을 바에야 당당하게 싸우다 죽읍시다!"

하지만 이 소란 속에서는 누구의 말도 잘 들리지 않았다. 모든 사람들이 외치고 있고, 모두가 움직이고 있었다. 대부분이 이 자리를 떠나려고 애를 쓰고 있었다. 병졸들의 칼을 피해 도망치려고 하는 것이다.

"제자백가의 무리들은 그 누구도 살려 보내지 마라!"

진시황이 그렇게 명령했다. 주위에 있던 병사들이 그 말을 받아

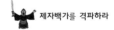
제자백가를 격파하라

일제히 같은 말을 외치자, 그 외침은 소란 중에도 사방에 또렷이 울려 퍼졌다. 둘러싼 병사들이 일제히 칼을 뽑았다. 그리고 사람들을 때리고 걷어차며 무릎을 꿇리기 시작했다.

이 소란 속에서 지누는 노인의 손에 이끌려 조심스럽게, 하지만 빠르게 사람들 사이로 움직이고 있었다. 자칫 잘못하면 사람들에게 깔려 죽을 것 같은 대혼란 속에서도 노인은 생쥐처럼 요리조리 잘도 헤쳐 나갔다. 덕분에 지누도 어찌어찌 병사들이 벽을 두르듯 칼을 들고 포위해 있는 광장을 빠져나와 산 아래로 내려가고 있었다.

이사 | 李斯, ?~BC 208 |
중국 진(秦)나라 법가(法家)의 정치가. 진시황(秦始皇)을 좇아 분서갱유(焚書坑儒)를 단행했다. 진나라에 획기적인 정치를 추진하였다.

진시황 | 秦始皇, BC 259~BC 210 |
중국 최초의 중앙 집권적 통일 제국인 진(秦)나라를 건설한 전제군주. 강력한 부국강병책을 추진하여 중국 대륙의 군소 국가를 모두 통일했다. 중앙 집권 정책을 추진하여 법령을 정비하고, 군현제를 실시했으며, 문자, 도량형, 화폐를 통일하였다.

분서갱유 | 焚書坑儒 |
진나라의 승상(丞相) 이사(李斯)가 주장한 탄압책으로 실용 서적을 제외한 모든 사상 서적을 불태우고 유학자를 생매장한 일.

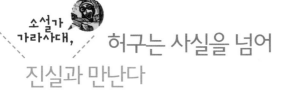

허구는 사실을 넘어 진실과 만난다

“이제 어쩌죠?”

산길을 터덜터덜 걸어 내려가며 지누가 말했다. 지누는 거의 울먹이고 있었다. 노인이 물었다.

“뭘 어째? 살아서 빠져나온 것만으로도 다행이라고 여겨야지.”

“대회는 엉망진창이 되고, 애지는 구하지 못하고, 제자백가를 격파하라는 미션은 실패했으니 집에도 못 돌아가고……. 난 완전히 망했어요. 어떻게 해요, 엉엉.”

“애지라면 천녀 말이냐?”

“예.”

“꼬마 아가씨가 참 안됐지. 저 포악한 진시황 치하에서 살아가려면 천녀 아니라 만백성들이 모두 안되긴 했다만.”

지누는 작은 소리로 흐느끼며 산을 내려가다가 갑자기 멈춰 서며 말했다.

“다시 가야겠어요.”

“가면 죽을 텐데?”

“그래도 가야 해요. 이렇게 포기할 순 없어요.”

172

지누의 의지는 굳었다. 이대로 산을 내려가서 이 어처구니없는 세상에서 사는 것보다는 차라리 애지를 되찾기 위해 싸우다가 죽는 게 나을지도 모르겠다는 생각이 들었기 때문이다. 노인이 눈을 빛냈다.

"그럼 방법이 아주 없는 것은 아닌데……. 네가 할 수 있을지 모르겠구나."

"뭔데요? 애지를 구할 수 있다면 뭐든지 하겠어요."

"천하를 혼란에서 건져 낼 방법을 말해 보거라."

"예?"

지누는 황당하다고 생각했다. 그런 걸 어떻게 안단 말인가. 하지만 노인은 그래야 한다고 말하고 있었다.

"적어도 저 진시황과 이사를 물리치려면 어떻게 해야 하는지 말해 봐라."

"그야 뭐 거기 있는 사람들이 일치단결해서……."

노인은 손을 흔들었다.

"아니, 그렇게 말고. 지금 단상에 올라가 모든 사람들에게 들리도록 큰 소리로 말한다고 생각하고 그렇게 해 봐."

지누는 주위를 둘러봤다. 아무도 보이지 않았다. 노인이 뭘 요구하는지는 알았다. 웅변하는 것처럼 하라는 것 아닌가. 다행히 지누는 웅변을 배운 적이 있었다. 지누는 처음에는 떨면서 조심스럽게 말문을 열었다. 하지만 나중에는 당당하게 큰 소리로 웅변을 했다.

"존경하는 백성 여러분. 여러분은 이대로 보고만 계실 것입니까?

폭군이 나라를 지배하고 존경받아 마땅한 제자백가 선생님들을 죽이고, 가르침을 담은 책들을 태워 버리는 것을 구경만 하고 계실 것입니까? 일어서야 합니다, 여러분! 여러분의 단합된 힘으로 폭군을 물리치고 선생님들을 구해 내야 합니다. 여러분 스스로가 돕지 않으면 아무도 여러분을 도울 수 없습니다. 일어서십시오! 주먹을 높이 드십시오! 그래서 폭군과 맞서 싸우십시오! 여러분의 자유와 권익을 여러분 자신의 손으로 되찾으라고 이 연사 가슴 깊은 곳에서 솟아나는 소리로 외칩니다!"

말을 마치고 지누는 꾸벅 절했다. 학교 운동장에서 그랬던 것처럼 낯이 뜨겁고 목이 아팠다. 창피하고 힘들었다.

"뭐 하시는 거예요?"

지누는 노인에게 물었다. 노인은 지누가 허리춤에 찬 대나무 뭉치, 이 세계의 책을 가져가서 바닥에 펼쳐 놓고 있었다. 그 옆에는 언제 피웠는지 작은 모닥불이 피워져 있고 불 속에서는 송곳 같은 것 몇 개가 달구어지고 있었다.

노인이 여유롭게 말했다.

"허구가 사실을 넘어 진실과 만난다는 말 들어 본 일 있느냐?"

지누는 고개를 저었다.

"아뇨."

"지금 들었으니 됐다. 그렇단다. 이제 와서 소개하지만 난 소설가란다. 제자백가 중 하나지. 황당한 소리를 주로 한다고 해서 무시당하고는 있지만 제자백가 중 열 손가락 안에 드는 학파야. 우리는 그

걸 주장한단다. 소설은 허구지만 사실보다도 더 진실을 잘 말해 주고
있다고. 사실을 사실 그대로 기록하는 건 역사지. 소설은 역사가 아니
지만 역사보다 더 진실을 잘 말해 준다고 주장하는 거다. 지금이 바로
그게 필요한 때야."

노인은 책의 마지막 장에 새겨진 글자들을 불에 달구어진 송곳
으로 선을 그어 지우고 새로 글을 새겨 넣었다.

원래 새겨져 있던 이사가 피 묻은 칼을 들어 올리며 외쳤다 다
음을 모두 지우고 노인은 이렇게 썼다.

"아무도 이 자리를 벗어나지 못한다. 제자백가의 무리들은 모두 여기서 책을 바치고 목숨을 내놓아야 한다. 책은 불태워 버리고 너희 제자백가의 무리들은 큰 구덩이에 묻어 버릴 것이다. 그것이 진나라 왕, 아니 이제 진시황이라고 불리시는 분의 의지이자 이 이사의 의지다! 대회는 끝났다!"

화려한 복장을 하고 큰 관을 쓴 사람이 병졸들에게 둘러싸여 단상에 올랐다. 그 사람이 아마도 진시황인 모양이었다. 그 옆에는 애지가 있었다.

지누는 애지를 부르며 뛰어갔다. 그의 눈에는 애지밖에 보이지 않았다. 칼을 든 이사도, 창을 든 병졸들도 보이지 않았다. 알 수 없는 분노에 휩싸여 단상 위로 뛰어 올라간 지누는 사람들을 향해 외쳤다.

"존경하는 백성 여러분, 여러분은 이대로 보고만 계실 것입니까? 폭군이 나라를 지배하고 존경받아 마땅한 제자백가의 선생님들을 죽이고, 가르침을 담은 책들을 태워 버리는 것을 구경만 하고 계실 것입니

까? 일어서야 합니다, 여러분! 여
러분의 단합된 힘으로 폭군을 물리
치고 선생님들을 구해 내야 합니다. 여러
분 스스로가 돕지 않으면 아무도 여러분을 도
울 수 없습니다. 일어서십시오! 주먹을 높
이 드십시오! 그래서 폭군과 맞서 싸우
십시오! 여러분의 자유와 권익을 여러분
자신의 손으로 되찾으라고 이 연사 가슴 깊은 곳에서
솟아나는 소리로 외칩니다!"

처음엔 조용했다. 지누는 상기된 얼굴로 사람들을 보았다. 아무
반응도 없는 것일까? 모든 것은 끝난 것일까? 그게 아니었다.
사람들은 조용히 분노하고 있었다. 그리고 누군가 말하기를 기
다리고 있었다. 그때 어디선가 외치는 소리가 들렸다.

"저 꼬마의 말이 맞다! 지금은 일어서야 할 때다!"

그 외침을 시작으로 수많은 사람들이 단상으로 몰려들었다. 이사가 멈추지 않으면 모두 죽인다고 외쳤지만 그 외침은 사람들 고함 속에 파묻혀 버렸다. 병졸들이 칼을 휘두르고 창으로 위협했지만 묵자와 그 제자들, 유가, 도가, 명가, 심지어는 음양가나 농가의 사람들까지 달려들어 칼을 빼앗고 창을 부러뜨렸다. 곧 진시황과 이사는 결박되어 무릎을 꿇리고 병졸들은 도망가 버렸다. 애지가 달려와 지누를 안았다.

"잘했어. 덕분에 살았어."

지누의 얼굴은 더욱 붉어졌다. 꼭 꿈만 같았다.

그러자 이 모든 게 꿈이라는 생각이 들었다. 그런 생각이 들자 지누는 잠에서 깨어났다. 애지가 위에서 내려다보고 있었다. 그 뒤로 천장의 형광등이 보였다. 지누는 눈을 깜빡거렸다.

"꿈을 꿨나 봐."

애지는 고개를 살랑살랑 저었다.

"다 꿈은 아닐 거야."

지누가 벌떡 일어나는 바람에 애지랑 머리를 부딪힐 뻔했다. 지누가 외쳤다.

"그 할아버지는 페이지 마스터였어!"

애지가 고개를 끄덕였다.

"맞아."

페이지 마스터는 지누가 여행하는 책들을 보관한 도서관의 관장님이다. 여행 중에는 언제나 뒤에 숨어서 지켜보고 있는데 이번에

제자백가를 격파하라

는 소설가로 분장해서 여행에 동행해 준 것이다.

"어쩐지 사정을 잘 안다 했어."

어쩐지 속은 것 같아 지누는 분한 표정으로 중얼거렸다. 애지가
말했다.

"덕분에 난 편했어. 넌?"

"내가 뭐?"

애지는 웃으며 물었다.

"재미있었냐고."

지누도 웃었다.

"재미있었어. 또 가고 싶을 정도로."

소설가 | 小說家, ?~? |

제자백가 중의 하나. 황당한 이야기를 주로 했다고 알려진다. 대표적인
인물로는 송연, 윤문 등이 있다.

제자백가(諸子百家)의 사상

글 | 한국철학사상연구회 구태환

'제자백가'란 중국 춘추전국(春秋戰國)시대에 다양한 사상을 내세운 학자들과 그들의 학파를 가리키는 말이다. 제자백가의 사상은 그들이 활동하고 살았던 시대적 문제와 매우 밀접하게 관련되어 있다. 특히 당시의 혼란을 잠재우고 평화를 이루고자 했던 욕구와 대안이 담겨 있다고 볼수 있다. 그 대안들은 혼란스러운 상황이 지속되던 당시 사회가 왜 그래야 했는지에 대한 원인 분석에서 나온다. 따라서 그들이 살았던 춘추전국시대의 시대적인 배경에 대한 지식이 있어야 제자백가의 사상을 제대로 이해할 수 있다. 춘추전국시대의 시대적인 배경을 먼저 알아보고 각학파와 사상가들의 사상을 소개하도록 하겠다.

1

제자백가들이 활동했던
춘추전국시대는 어떤 시대였나?

춘추전국시대는 중국 역사에서 대단히 혼란스러운 시기였다. 이 시대는 중국에 실질적인 주인, 즉 중국 전체를 지배하는 실질적인 왕이나 황제가 없었다. 하지만 중국 땅이 원래부터 주인 없이 혼란스러웠던 것은 아니다. 춘추전국시대 이전에 이미 상(商)나라, 주(周)나라가 등장해 중국을 지배했다.

혈연 관계에 의한 종법 제도(宗法制度)로
중국 땅을 통치했던 주나라

고고학적 연대를 확인할 수 있는 가장 오래전에 중국 땅을 지배했던 나라는 상나라이다. 이후 주나라에게 그 자리를 빼앗기게 되는데, 중국 땅의 새로운 주인으로 등장한 주나라 왕조는 독특한 제도로 중국 땅을 통치한다.

당시의 중국 땅은 지금에 비하면 턱없이 좁았다. 황하를 중심으

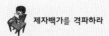

제자백가를 격파하라

로 나라가 형성되어 기껏해야 양자강 주변부까지 영향력을 미쳤을 뿐이다. 그런데도 그때는 지금처럼 교통 수단이나 통신 수단이 발달하지 못했기 때문에 중앙의 명령이 지방까지 제대로 전달되지 못했다. 다시 말해, 중앙에 있는 주나라 왕의 명령이 지방 곳곳에까지 제대로 전달되지 않았다.

그래서 주나라는 종법 제도라는 일종의 봉건 제도를 만들어 중국을 통치했다. 종법 제도란 지금의 종가집 개념과 유사한 체계를 가진 제도이다. 중앙의 왕은 자신이 직접 다스리는 영토를 제외한 나머지 영토를 아들이나 동생, 조카, 심복 등에게 나누어 주고, 그들을 그 땅의 제후(諸侯)로 봉해 그곳을 다스리게 했다. 제후 또한 자신의 아들, 동생, 조카, 심복 등을 대부(大夫)로 삼아 함께 나라를 다스렸다. 이 체계는 기본적으로 왕인 아버지가 자신의 땅을 아들에게 다스리게 하는 구조이다. 물론 큰아들은 아버지 뒤를 이어서 왕이 된다. 왕의 집안은 큰아들이 대를 잇게 되므로 대종가가 되고, 제후의 집안은 둘째, 셋째 아들의 큰아들이 대를 잇게 되므로 소종가가 되는 것이다. 이 제도를 종법 제도라고 한다.

이처럼 왕은 제후에게 자신의 땅을 다스리게 하고, 제후는 자신이 책봉된 땅에서 실질적인 임금 역할을 했다. 그리고 제후는 왕한테서 땅을 받아 임금이 된 대가로 왕에게 일정한 의무를 졌다. 왕의 제사에 쓰일 지방 특산물을 보내 충성심을 보이기도 하고, 그들이 '오랑캐'라고 부르는 이민족이 침범했을 때 왕의 명령에 따라 군사를 보내 이민족을 격퇴시키기도 했다. 여기에서 중요한 것은 왕의 명령 없이는 군사를 움직일 수 없었다는 것이다.

주나라 초기에는 이러한 아버지와 아들이라는 혈연관계에 기초한 종법 제도가 중국 땅을 통치하는 데 매우 효과적이었다. 대부분의 제후들은 왕의 명령에 잘 따랐고, 왕의 명령을 어기거나 왕에게 충성심을 보이지 않는 제후들의 땅은 회수되거나 삭감당하기도 했다.

종법 제도의 붕괴로 제후들이 패권을 장악하기 위해 다퉜던 춘추시대(春秋時代, BC 770~BC 403)

하지만 혈연관계에 기초한 종법 제도는 시간이 지나면서 근본적인 결함을 드러냈다. 처음에는 왕과 제후의 관계가 아버지와 아들, 즉 1촌 관계였다면 세월이 흐르면서 3촌, 5촌, 7촌, 9촌 관계로 멀어져 거의 남이 되어 버린 것이다. 그러다 보니 왕의 명령도 예전처럼 잘 시행되지 않았다. 중앙을 다스리는 왕은 수많은 제후국에 둘러싸여 있어서 자신의 영토를 쉽게 확장할 수 없었다. 반면, 변방을 다스리는 제후는 얼마든지 자신의 영토를 확장할 수 있었다. 물론 제후의 땅도 원칙적으로는 왕의 땅이지만, 그것도 왕이 힘이 있을 때 이야기이다. 영토 확장에 한계를 지녔던 왕에 비해 제후들은 쉽게 영토를 확장하면서 힘이 점차 강해졌고, 그 결과 왕의 명령도 따르지 않게 되었다.

이러한 때 무너져 가는 종법 질서를 근본적으로 붕괴시키는 하나의 사건이 일어난다. 주나라 유왕(幽王)이 포사(褒姒)라는 여인에

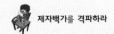
제자백가를 격파하라

빠져서 국정을 제대로 돌보지 않은 것이다. 뿐만 아니라, 정식 왕비인 신후(申后)를 폐위하고 태자인 의구(宜臼)를 내쫓았다. 이에 격분한 신후의 아버지인 신나라 제후가 서쪽 이민족들을 이끌고 들어와 당시 수도인 호경(지금의 서안)을 점령한다. 제후가 무력을 사용하여 왕을 친 것이다. 이 사건으로 주나라의 종법 제도는 원칙적으로 붕괴된 것이나 마찬가지가 되었다. 신나라 제후는 유왕을 죽이고 자신의 외손자 의구를 복권시켰다.

그런데 수도로 침공한 이민족들이 본래 자신들의 영토로 돌아가려 하지 않았다. 그러자 의구는 동쪽으로 이주하여 지금의 낙양에 수도를 세우고 즉위한다. 그래도 여전히 중국 땅의 주인은 주나라였고, 주나라 임금만이 '왕'이라는 칭호를 사용할 수 있었다. 그래서 이때도 주나라 시대라고 한다. 하지만 수도를 옮기기 이전과는 상황이 많이 달라졌다. 제후국들은 왕의 명령 없이도 군사를 동원해 자기들끼리 전쟁을 했다. 실질적인 나라의 주인이 없어진 것이다.

수도를 동쪽으로 이전한 이후를 '동주(東周)'라고 하고, 그 이전 시기는 수도가 서쪽에 있었다고 하여 '서주(西周)'라고 하는데 동주 시대가 열리면서 춘추시대가 시작되었다. 이때는 형식적으로는 주나라가 중국의 주인이고, 중국에서 주나라 왕만이 유일한 왕이었다. 하지만 이제는 제후들이 왕의 이름을 내걸고 멋대로 군사를 일으켜 중국 천하의 패권을 장악하기 위해서 서로 싸운다.

이처럼 종법 제도가 붕괴되면서 이전의 신분 질서도 흔들리기 시작한다. 과거에는 왕→제후→대부가 있었고 이들이 지배층을 이뤘다. 이들 사이에는 건널 수 없는 신분적인 위계가 있었다. 하지만 이 제도가 흔들리면서 사회 전체적으로 신분의 이동이 일어나게 된다. 여기에서 주목할 것이 사(士)의 출현이다. 이들은 몰락한 지배층이거나 피지배층 가운데 지식을 습득한 이들이었다. 경제적으로나 신분상으로는 피지배층에 가까웠지만, 지식이나 지혜를 가진 사람들이었다. 따라서 민심의 동향을 잘 파악하여 당시 지배층들에게 전달하는 능력이 있었다.

우리가 살펴볼 제자백가 사상가들은 대부분 '사' 계층인데, 바로 이 시기에 이들이 처음 등장했다.

제후들이 주인이 되고자 싸웠던 전국시대(戰國時代, BC 403~BC 221)와 진(秦)나라의 통일

전국시대에 들어서면 중국은 더욱 혼란스러워진다. 춘추시대에는 비록 명분뿐인 왕일지라도 주나라 왕이 중국 천하의 주인이었기에, 제후들이 어떻게든 주나라 왕을 끌어들여 자신의 정당성을 확보하고자 했다. 하지만 전국시대에는 각 제후국들이 중국의 주인이 되고자 하는 야심을 그대로 드러낸다. 그것을 잘 보여 주는 것이 '왕'이라는 칭호이다. 춘추시대까지는 주나라 임금만 왕이라는 칭호를 쓸 수 있었고, 제후국 임금들은 '공(公)'이라는 칭호를 썼다. 그런데 전국시대가 되면 힘 있는 제후국의 임금들은 모두 '왕'이라는 칭호를 쓴다. 전국시대 초기에도 여전히 낙양에 주나라가

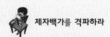
제자백가를 격파하라

있기는 했지만 있으나 마나 한 상태였다. 이 시대에는 '전국칠웅(戰國七雄)'이라고 불리는 한(韓), 위(魏), 조(趙), 제(齊), 연(燕), 초(楚), 진(秦) 일곱 나라가 중국의 주인이 되기 위해서 각축을 벌인다. 명분이 아니라 그야말로 서로를 잡아먹어야 자신이 살고, 나아가 중국의 주인이 될 수 있는 시기였던 것이다.

전국시대 후기로 갈수록 진나라는 법가 사상을 근간으로 한 부국강병책을 시행하여 나머지 나라들에게 위협의 대상이 되었다. 이에 각 나라들은 살아남기 위해서 연횡책과 합종책을 쓰기도 한다. 진나라의 세력이 강해지자 초기에 소진(蘇秦)의 주도하에 나머지 여섯 나라가 연합하여 진나라에 대항한 것이 합종책이다. 진나라는 이 합종책을 깨뜨리기 위해 위나라 사람 장의(張儀)로 하여금 여섯 나라를 설득하여 진나라와 개별적인 동맹을 맺도록 하는데, 이것이 연횡책이다. 진나라는 연횡책을 통해서 합종책으로 뭉친 여섯 나라의 동맹을 깨뜨리고 결국 여섯 나라를 하나씩 격파해서 중국을 통일하게 된다.

우리가 다루는 제자백가 사상가들은 이 혼란한 시기에 어떻게 하면 혼란을 잠재우고, 중국 땅에 평화를 가져올 것인가를 고민했던 사람들이다.

그런데 제자백가의 사상은 후대에까지 온전하게 전해지지 못했다. 중국을 통일한 진나라는 철저한 중앙 집권 정치를 실현했고, 중앙 권력에 대항하는 사상은 어느 것도 용납하지 않았다. 그 대표적인 예가 '협서율(挾書律)'과 '분서갱유(焚書坑儒)'이다. '협서율'이란 금지된 책(書)을 끼고 다니면(挾) 처벌하는 법률(律)이다. '분서갱유'란 금지된 책(書)을 불태우고(焚), 그런 책을 끼고 다니거나 중앙 정치에 대해서 비판하는 학자들(儒)을 묻어 버린다(坑)는 것이다. 왕의 권위나 중앙 정치에 도전하는 어떠한 사상이나 학자도 용납하지 않았던 것이다. 이러한 사상 탄압은 다양했던 제자백가의 사상들을 짓밟아 버리는 결과를 낳았다.

제자백가의 사상들은 시대적인 요구를 담아 주로 정치와 도덕의 문제들에 기울어 있었지만, 음양가는 형이상학적 담론들을 나누었고 명가는 논리학의 기초를 만들어가고 있었다. 이 외에도 다양한 사상의 씨앗을 가지고 있었지만, 그것들 중 상당수가 진시황의 사상탄압으로 매장되어 버리고 말았다는 것은 안타까운 일이 아닐 수 없다.

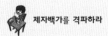
제자백가를 격파하라

2

공자와 그의 제자들이 이룬
학파 유가(儒家)

유가는 춘추전국시대라는 혼란기를 극복하기 위한 대안으로 도덕적 사회를 제시한다. 인간 사회를 도덕적으로 인도해 나갈 때 혼란이 사라지고 평화가 온다는 게 그들의 생각이었다. 유가의 창시자는 공자다. 맹자와 순자는 그들 스스로가 공자의 사상을 계승했다고 주장한다. 하지만 이들의 사상은 매우 다른 모습을 띤다.

도덕적 사회를 제시한 유가의 창시자 공자
(孔子, 이름 구丘, BC 551~BC 479)

유가의 창시자로 공자를 가리키는데, 공자 이전에도 '유(儒)'라고 불리는 사람들이 있었다. '유'는 원래 제례(祭禮)를 전문으로 다루는 사람을 가리키는 말이었다. 오늘날 자동차를 운전하는 직업을 가진 이를 '운전기사'라 하고, 질병을 치료하는 직업을 가진 이를 '의사'라고 하듯이, 당시에는 제례를 전문으로 취급하는 직업을 가진 이들이 있었는데 그들을 '유'라고 했다. 지금 시각으로 보면 이해가 잘 안 될 수도 있다. 무슨 제례를 전문적으로 다루는 사람까지 필요했을까? 하지만 조금만 더 생각해 보면 이해가 갈 것이다. 요즘도 제사나 차례를 지낼 때 홍동백서니, 어동육서니, 좌포우혜니 얼마나 복잡한 게 많은가. 더구나 지금부터 2,500여 년 전에 제례는 아무나 할 수 있는 일이 아니었다. 한 나라의 임금이나 큰 고을의 수령이 나라나 고을의 안녕을 비는 행사가 바로 제례였다. 거기에 쓰이는 음식이나 용품들, 그리고 형식도 매우 복잡했을 것이다. 그래서 전문가가 필요했다. 공자는 원래 '유' 즉 제례, 더 나아가서 예(禮)에 대한 전문가였다.

그 이전에도 '유'라는 직업을 가진 이들이 있었다. 그런데도 유독 공자를 '유가'라는 학파의 창시자로 보는 것은, 그가 다른 '유'들과는 달리 제례나 예가 생겨나게 된 근원과 의미 등을 탐구했기 때문이다. 다른 이들은 배운 대로 예를 행했을 뿐이지만, 공자는 그것들이 어떤 의미를 갖는지, 그리고 그 근원이 무엇인지에 대해서 탐구했기에 하나의 학문으로 인정받을 수 있었던 것이다.

예를 하나 들어 보겠다. 공자가 살았던 당시에도 부모가 돌아가셨을 때 3년상(三年喪)을 치르는 제도가 있었던 모양이다. 공자의 제자 중 하나가 3년상이 너무 길다고 투덜대자, 공자는 3년상 제도가 생겨난 연원을 이야기한다. "사람은 태어나서 3년이라는 시간 동안 부모님의 절대적인 보살핌이 필요하다. 그 기간 동안 부모님이 보호해 줬으니, 부모님이 돌아가시면 3년이라는 기간만이라도 자숙

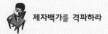
제자백가를 격파하라

하며 부모님이 돌봐 주신 것에 감사해야 한다."는 설명이었다. 당시 사람들은 3년상이라는 제도를 무조건 따르기만 했지만, 공자는 그러한 제도가 어떤 연원에서 나왔는가를 탐구했다. 이것이 바로 학문하는 자세이다. 따라서 공자는 하나의 학문 체계를 세운 사람으로 여겨진다. '유' 출신답게 공자 사상에서 예는 매우 중요한 위치를 차지한다. 그가 말한 예는 단순히 예의범절만을 말하는 것이 아니라 사회의 전반적인 제도나 규율까지도 아우르는 것이다.

내 부모, 형제를 사랑하듯 세상 사람 모두를 사랑하는 마음인 인과 예로 세상을 다스려라

춘추시대를 살았던 공자는 당시의 혼란상이 예의 붕괴에서 비롯되었다고 보았다. 여기서 공자가 말하는 예는 주례(周禮), 주나라의 제도, 즉 종법 제도를 말한다. 다시 말해서 그는 원칙적으로 춘추시대의 혼란이 주나라 제도의 붕괴에서 생겨났다고 본 것이다. 그러한 제도의 붕괴는 지배층의 도덕적 해이에서 비롯되었다고 생각했다. 지배층이면 지배층답게 '옳음'에 대해서 관심을 가져야 하는데, 지배층답지 못하게 자신이나 자기 집안, 자기 제후국의 이익에만 관심을 가지다 보니 제도가 붕괴되었다고 본 것이다. 이것이 그의 '군자론(君子論)'이다. '군자'란 말 그대로 '임금(君)'의 '아들(子)', 즉 지배층이다. "군자는 옳음에 밝고 소인은 이익에 밝다." 공자의 이 말은 지배층인데도 옳음을 추구하지 않고, 피지배층인 소인이나 밝히는 이익만을 추구하는 당시의 지배층을 질타한 것이었다.

뿐만 아니라, 공자는 예를 실행할 때 인간의 마음가짐이 어떠해야 하는지에 대해서도 말한다. 즉 조상에게 제사를 지낼 때는 조상에 대한 감사와 사랑의 마음이 있어야 한다고 했다. 이러한 사랑을 공자는 '인(仁)'이라고 표현한다. 인이란 사랑, 인간에 대한 사랑을 이야기한다. 인간에 대한 사랑이란 과연 무엇일까? 아쉽게도 그는 이에 대한 구체적인 답을 내놓지 않았다. 다만, 공자의 제자 가운데 유약(有若)이란 자가 "(부모에 대한) 효도와 (형에 대한) 공경이 인간 사랑을 실현하는 기초다."라고 말한 적이 있다. 인간에 대한 사랑은 바로 내 부모, 형제에 대한 사랑에서 출발한다는 뜻이다. 내부모, 형제를 사랑하는 마음으로 내 이웃을 사랑하고, 내 이웃을 사랑하는 마음으로 내가 속한 나라 사람들을 사랑하고, 내 나라 사람들을 사랑하는 마음으로 이 세상 사람 모두를 사랑하라는 말이다. 공자의 '인'은 가까운 사람에서 출발하여 이 세상 사람 모두에게 미치는 인간 사랑이라고 할 수 있다.

공자는 예와 인으로 당시의 제후들을 설득했다. 예를 회복하고 인간을 사랑한다면 천하 사람들이 그 사람(제후)에게 몰려들 것이고, 그렇게 된다면 자연스럽게 중국 천하의 주인이 될 수 있다는 논리다. 하지만 이미 힘의 논리가 지배하고 있던 당시 각 제후국들 사이에서 공자의 말은 받아들여지지 않았다. 늘그막까지 자신의 이론을 세상에서 실행해 보고자 했던 공자도 결국은 포기하고 고향인 노(魯)나라로 돌아가 제자를 가르치는 데 힘쓰게 된다. 이곳에서 공자의 교육 사상이 싹튼다. 그는 가난한 자, 부유한 자, 존

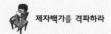

귀한 자, 비천한 자를 가리지 않고, 제자로서 최소한의 예의만 갖추면 모두 받아들여 가르침을 베풀었다. 그리고 제자들에게 남들을 다스리는 사람의 덕목을 가르쳐서 그들이 자신의 이념을 중국 천하에서 실행하기를 바랐다. "배우고 때로 익히면 또한 기쁘지 아니한가." 이러한 배움의 즐거움을 강조하면서 말이다.

불인인지심(不忍人之心)에서 비롯되는 왕도정치를 내세운 맹자(孟子, 이름 가軻, BC 371?~BC 289?)

맹자는 자신이 스스로 공자의 사상을 이었다고 말하며, 그것을 세상에 펼치는 것을 일생의 목표로 삼았다. 그런데 맹자가 살았던 시대 상황은 공자가 살았던 때와는 달랐다. 공자가 살았을 당시에도 공자와 다른 사상을 가진 이들이 있었지만, 그들이 아직 학파를 이루어 활동하지는 못했다. 하지만 맹자가 살았던 전국시대에는 이미 공자가 창시한 유가와 다른 사상을 펼치는 여러 학파들이 등장했는데, 그중 몇 학파는 상당한 세력을 형성하고 있었다. 맹자는 이러한 상황에 대해서 "양주와 묵적의 무리가 횡행하니 공자의 도가 드러나지 않는다."라고 개탄했다. 이처럼 많은 사상적 논적들이 있다 보니 맹자의 사상은 공자의 사상에 비해 더욱 세부적으로 들어가게 된다.

맹자를 말할 때 우리는 흔히 '성선설(性善說)'을 떠올린다. 인간의 본성이 선하다는 주장이다. 맹자가 살았던 시기는 전쟁이 빈발하던 전국시대이다. 그런 시대를 살았던 사람이 인간의 본성이 선하다고 말하는 것은 참 이상하다. 그의 성선설을 이해하기 위해서는 그의 정치론을 먼저 살펴볼 필요가 있다.

그는 전국시대라는 혼란상을 극복할 정치적 대안으로서 '왕도정치(王道政治)'를 내세운다. 왕도정치란 백성의 지도자인 왕이 실행해야 할 성치로서, 그 뿌리에는 백성에 대한 사랑이 있다. 맹자는 왕도정치에 반대되는 것으로 '패도정치(覇道政治)'를 들었다. 패도정치란 백성을 사랑하는 척하지만 사실은 힘으로 백성을 억누르는 정치이다. 맹자가 보기에, 당시 전국시대의 각 제후국들이 행하는 정치는 패도정치였다. 그는 각 제후국들을 돌면서 제후들에게 왕도정치를 실행할 것을 권한다. 그러나 많은 왕들이 갖가지 핑계를 대면서 회피했다. 사실 힘의 논리에 따라 먹느냐 먹히느냐가 판가름 나는 상황에서 '백성을 사랑하라.'는 말이 설득력을 갖기는 힘들었을 것이다. 이러한 상황에서도 맹자는 모든 인간의 본성은 선하므로 왕도정치를 하는 것은 매우 쉽다고 주장했다.

맹자는 모든 사람들에게 '남의 불행을 보고 차마 그냥 지나치지 못하는 마음(不忍人之心)'이 있다고 주장했다. 이 마음은 인간을 사랑하는 마음과 같은 것이다. 그는 재미있는 예를 들어 모든 인간에게 이런 마음이 있음을 증명한다. 갓난아이 하나가 우물가에서 위태롭게 기어다니며 우물에 빠지기 직전이다. 대부분의 사람들은 그 모습을 본다면 빨리 달려가서 갓난아이를 구해 줄 것이다. 이때 그 사람이 보인 행동은 어떤 계산에서 나온 것이 아니다. 이 아이를 구하지 않아서 사람들에게 욕먹을까 봐, 또는 이 아이를 구

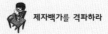
제자백가를 격파하라

해 사람들에게 칭찬받고 싶어서 하는 행동이 아니다. 이처럼 계산에서 나오지 않은 선한 행동을 한다는 것은, 모든 사람에게 '남의 불행을 보고 차마 그냥 지나치지 못하는 마음'이 있음을 증명한다는 것이다.

다시 왕도정치 이야기로 돌아가 보자. 제후들도 사람이다. 그들이 사람이라면 모든 사람들에게 있는 '불인인지심'을 갖고 있지 않을 리 없다. 따라서 제후들에게도 죄 없는 백성들이 전쟁터라는 사지로 끌려가는 모습, 먹고 쉴 곳이 없어서 굶주리고 추위에 떠는 모습을 보고 차마 그냥 지나치지 못하는 마음이 있을 것이라고 생각했다.

왕도정치란 여기에서 시작한다. 즉 제후가 자기 백성들의 이런 모습을 차마 그냥 보고 있지 못하여, 그들을 위해서 어떤 대책을 마련하게 되어 있다는 것이다. 이것이 왕도정치다. 이렇게 보면 아주 쉽고 간단하다. 모든 사람이 가진 '불인인지심', 달리 말하면 인간을 사랑하는 마음을 현실에서 실행하기만 하면 되니 말이다.

그런데 한편에서는 이렇게 쉬운 왕도정치를 실행하지 못하는 제후들도 있었으니, 그들은 모든 사람이 가진 인간을 사랑하는 마음조차 갖지 못한 이들이라고 했다. 결국 제후가 아니라 사람도 못 되는 이가 되는 것이다. 맹자의 성선설은 이처럼 당시 제후들에게 왕도정치를 하도록 설득하는 과정에서 나왔다.

왕도정치의 일차적인 과제는 백성들의 경제적 삶을 안정시키는 것, 최종 목표는 도덕적 사회를 만드는 것

　그는 왕도정치를 어떻게 실행해야 하는지에 대해서도 일러 준다. 왕도정치는 백성을 사랑하는 마음을 가지고 하는 정치라고 했다. 그렇다면 반대로 백성을 사랑하는 마음만 있으면 왕도정치를 실행할 수 있을까? 맹자는 백성을 사랑하는 마음도 마음이지만, 그 마음을 보여 주는 것도 중요하다고 주장하며 구체적인 방안을 제시한다. 그 한 가지 방안이 '정전제(井田制)'라고 할 수 있다.

　정전제란 정사각형의 커다란 밭이 있다고 했을 때, 그 밭에 우물 정(井) 자를 써서 아홉 등분한 후에 여덟 가구가 각각 한 구획을 맡아 경작해서 그 생산물을 가져가고, 가운데 한 구획을 공동 경작해서 국가에 세금으로 내는 제도이다. 당시에 농민들은 국가나 지주에게 총 생산물의 1/3, 심지어는 1/2을 세금으로 내야 했다. 그러니 정전제는 백성들에게 매우 유리한 제도였다. 맹자는 거기에서 더 나아가 잠업과 목축업 등에 대해서도 구체적인 대안을 내놓는다. 왕도정치의 일차적인 과제는 백성들의 경제적 삶을 안정시키는 것이었다.

　하지만 백성들의 경제적 삶이 안정되었다고 해서 왕도정치가 완성되는 것은 아니다. 맹자도 유가였던 만큼 도덕적인 사회를 꿈꾸었다. 그는 백성들이 먹고 살 만해지고 나면 각 지역에 학교를 세워 백성들을 가르쳐야 한다고 주장했다. 그는 백성들 역시 타고난 본성은 선하다고 보았다. 하지만 계속되는 전쟁을 겪다 보니 짐승

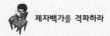
제자백가를 격파하라

처럼 변해 있다고 생각했다. 그런 백성들의 착한 본성을 회복시켜서 도덕적인 사회로 만드는 것이 왕도정치의 최종 목적이며, 그러한 왕도정치를 실행하는 제후는 중국 땅의 모든 백성들이 우러러볼 것이므로, 결국 중국 천하의 주인이 될 수 있다고 주장했다.

이처럼 맹자는 백성들의 마음을 얻는 사람이 중국 천하의 주인이 될 수 있다고 보았다. 오죽하면 "(나라에서) 백성이 가장 귀하고, 사직(社稷)이 다음이며, 임금은 하잘것없다."라고 했겠는가. '사직'이란 임금의 역대 조상들을 모셔 놓은 사당인 '사'와 땅 귀신과 곡신 귀신에게 풍년을 기원하는 곳인 '직'을 합친 것이다. 즉 한 나라를 이룬 조상과 한 나라를 먹여 살리는 귀신에게 드리는 제사나 제사 지내는 곳을 뜻한다. 그러니 한 나라의 근간인 셈이다. 맹자는 한 나라의 근간인 '사직'보다도 백성이 귀하다고 말하며, 제후들에게 백성을 귀하게 여기고 사랑하여 백성을 위하는 정치를 할 것을 주장한 것이다.

제도를 통해 이익을 추구하는 인간의 본성을 제어하고
도덕적 방향으로 이끌고자 했던 순자(荀子, 이름 황황, BC 298?~BC 238?)

맹자가 당시의 제후나 지배층의 도덕성, 즉 인간 사랑에 주목했다면 순자는 제도적 측면을 중시했다. 이 두 사람 모두 공자의 사상을 계승했다고 하는데, 공자의 예와 인이라는 커다란 두 줄기에서 순자는 예(제도)에, 맹자는 인(사랑)에 무게를 두었다고 할 수 있다.

제도를 중시하는 순자의 사상은 그의 성악설(性惡說)과도 밀접하게 관련되어 있다. 순자의 성악설은 인간의 본성이 악하다는 주장이다. 그런데 여기에서 주의할 점은 인간의 타고난 본성이 악함 자체라는 말은 아니라는 것이다. 순자가 말하는 인간의 본성이 악하다는 것은 인간이 악으로 흐르기 쉬운 본성을 가지고 있다는 것이다. 그는 인간의 본성이 악으로 흐르기 쉬운 이유로 이익을 추구하는 본성을 들고 있다. 인간은 이런 본성 때문에 악하게 되기 쉽다는 것이 순자의 생각이다. 물론 이익 추구가 모두 나쁜 것은 아니다. 배가 너무 고파서 먹을 것을 찾는 것은 이익 추구이며, 이러한 이익 추구 없이 생명은 유지될 수 없다. 하지만 이익 추구는 결국 다른 이의 이익 추구와 충돌하게 되어 서로 다투고 해를 끼치게 된다. 순자는 인간 본성에서 이런 면을 봤기 때문에 인간의 본성이 악하다고 한 것이다.

 이익을 추구하는 인간의 본성을 그대로 둬야 할까? 순자는 아니라고 보았다. 그 또한 유가로 도덕적 사회를 추구했다. 따라서 모든 인간이 도덕적이고 선하게 되는 사회를 바랐다. 그러나 도덕적 사회를 위해서는 인간 본성에 기댈 것이 아니라 인위적인 장치가 필요하다고 생각했다. 그는 인간 본성이 선하니, 그 선한 본성을 계속 확장시켜 나가면 인간 사회가 도덕적이 될 것이라는 맹자의 생각에 반대했다. 대신 인간의 본성이 악하니, 인간의 본성을 제어할 인위적인 무엇인가가 필요하다고 보았다. 그것이 바로 '예'(제도)이다. 순자는 예, 즉 제도를 통해서 이익을 추구하는 인간 본성을 제어하고 인간을 도덕적인 방향으로 이끌어야 한다고 주장한다.

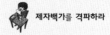
제자백가를 격파하라

제도는 물론 선한 것이어야 한다. 그는 인간의 본성과 인위적 제도를 구분하고, 선한 것은 인위적인 것에서부터 나온다고 주장했다.

이처럼 순자는 공자의 사상 중에서 예를 강조한다. 하지만 순자가 말하는 예는 공자가 말했던 예와는 사뭇 다르다. 공자가 주나라의 예, 즉 종법 제도를 이상적인 것으로 본 반면에, 순자는 과거의 예는 자신이 살고 있는 시대에는 맞지 않는다고 생각했다. 예전의 것이 아니라 새 시대에 맞는 새로운 예, 제도가 필요하다고 본것이다. 그래서 그 시대에 맞는 새로운 예, 제도를 만들어야 한다고 역설했다.

그 역할은 누가 해야 할까? 모든 인간이 악한 본성을 가지고 있는데, 그들 가운데 누가 모든 인간을 선한 방향으로 이끌 예, 제도를 만들 수 있을까? 여기에서 순자는 '성인(聖人)'을 끌어온다. 성인이란 지적, 도덕적으로 완벽한 인간을 말한다. 순자는 성인이 이세상 사람들을 이끌 도덕적인 제도를 만들어야 한다고 말한다. 그리고 이 성인은 과거의 성인이 아니라 당시 시대에 맞는 성인이어야 한다고 주장했다.

순자는 인간 본성과 인위적 제도를 구분할 뿐 아니라, 하늘과 인간 사이의 관계를 완전히 끊어 버린다. 순자 이전의 사람들이 말하는 하늘(天)은 자연적, 물리적 하늘이 아니다. 신앙의 대상이기도 하고, 인간 사회에 관여하여 도덕적 지배자에게 복을 내리고 비도덕적 지배자에게 벌을 내리는 존재가 바로 하늘이 뜻하는 의미였다. 인간 사회와 밀접하게 연관된 것이었다. 하지만 순자에게 하늘은 그야말로 자연적, 물리적 하늘일 뿐, 인간 사회에 관여할 수 없는 존재였다. 순자가 강조한 것은 인간 사회의 일은 인간 스스로가 알아서 해야 한다는 데 있다고 할 수 있다.

이처럼 인간이 이익을 추구하는 본성을 가졌다는 사고, 그 본성을 제어할 인위적인 제도가 필요하다는 사고, 그리고 그 제도가 현 사회에 적합해야 한다는 사고는 후의 법가 사상에 영향을 끼친다. 법가 사상을 완성하고, 진나라가 중국 천하를 통일하는 데 사상적 기반을 제시한 한비자, 이사가 순자의 제자였다.

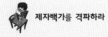 제자백가를 격파하라

인간 사회의 일반적인 생각을 거부했던 도가(道家)

도가 사상은 보기에 따라서 상당히 이해하기가 어렵다. 여기에서 도가로 묶어서 다루는 사상가들인 양주, 노자, 장자 그들 스스로가 하나의 학파라고 생각했는지도 의문이다. 다만 이들은 인간 사회의 일반적인 생각을 거부했다는 점에서는 공통점을 가진다. 예컨대 대의를 위해서 자신을 희생한다거나, 남보다 출세해야 한다거나, 유용한 것이 좋다거나 하는 일반적인 상식을 거부한다. 이런 면에서 도가의 사상은 우리의 상식이 과연 옳은 것인지, 다시 한 번 생각해 보는 계기를 제공해 준다.

자신만을 위하는 위아주의를 내세웠던
양주(楊朱, BC 440~BC 360)

맹자에서 보았듯이, 양주의 사상은 묵자의 사상과 함께 한 시대를 풍미했던 것 같다. 하지만 그의 사상을 체계적으로 살펴볼 수 있는 문헌은 발견되지 않는다. 단지 여러 사상가들이 단편적으로 언급한 내용을 바탕으로 그가 지녔던 사상의 면모를 엿볼 수 있을 뿐이다.

그의 사상을 흔히 '위아주의(爲我主義)'라고 한다. 자신만을 위하는, 달리 말하면 개인주의라고 할 수 있다. 맹자와 한비자는 그에 대해 '자기 정강이의 터럭 하나를 뽑아서 천하를 이롭게 할 수 있을지라도 하지 않는' 사람으로 묘사하고 있다. 천하 모든 사람들의 이익이 달려 있어도 자신의 몸을 희생하지 않는다는, 이러한 생각은 '경물중생(輕物重生)'이라는 말로도 잘 표현된다. 여기에서 '물'이란 나 이외의 모든 사람, 생물, 물건을 말하며, '생'이란 나의 삶, 생명을 말한다. 즉 나 이외의 것은 모두 하잘것없는 것으로 여기고, 내 삶과 생명만을 중시한다는 양주의 사고를 잘 나타내 주고 있다. 이러한 사고는 세상이 어떻게 돌아가든 내 몸 하나 지키는 것이 가장 중요하다는 극단적인 개인주의를 드러내고 있다.

양주의 이러한 개인주의적 사고를 도가 사상에 묶어 노자, 장자와 함께 다루는 것에 무리가 있을지 모르겠다. 하지만 그의 사상이 세상을 구하겠다는 사상들이 판치는 그 당시 일반적인 사고를 거부하고 있다는 면에서 노자, 장자와 함께 다룰 수 있을 것이다.

유한한 인간이 무한한 도에 대해 규정할 수 없다고 주장했던
노자(老子, BC 6세기경)

노자의 사상이 담긴 《노자》(혹은 《도덕경(道德經)》)의 첫 구절에는

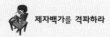
제자백가를 격파하라

"말할 수 있는 도(道)는 항구적인 도가 아니다."라는 말이 나온다. 이 구절은 노자의 사상을 잘 드러내 주며, 그가 지녔던 사상의 여러 면모를 잘 보여 준다. 일단 여기서 말하는 도란 변하지 않는다는 것이다. 노자와 장자를 '도가'로 칭하는데, 그것은 이들이 '도'를 중심으로 하는 사상을 펼쳤기 때문이다.

그렇다고 도가 이외의 학파에서 '도'를 중시하지 않았다는 말은 아니다. 특히 유가의 창시자인 공자도 '도'를 중요하게 언급한다. '도'는 글자 그대로 '길'을 말한다. 우리가 다니는 들길, 산길, 찻길 등도 다 길이다. 유가나 도가에서 말하는 '도'도 이러한 길을 말하는 것이다. 이들의 관심은 인간이 어떤 길을 가야 하는가 하는 것이었으며, 그 길이 어떤 길인가를 놓고 두 학파는 다른 입장을 취하고 있다.

공자가 말하는 길은 인간이 만들어 놓은 길이다. 그래서 "사람이 길을 넓히지, 길이 사람을 넓히는 것이 아니다."라고 한다. 그에 반해 도가에서 말하는 길은 사람이 만든 길이 아니라 인위적인 조작이 가해지지 않은 자연 그대로의 길이다. 예컨대 생명체라면 겪는 생로병사나 춘하추동 같은 계절의 변화 등이 자연의 길이다. 공자는 인간이라면 인간이 만든 길을 가야 한다고 본 것이고, 도가에서는 인간도 자연의 일부이기 때문에 자연의 길을 가야 한다고 본 것이다.

노자가 보기에 이러한 자연의 길은 무한하다. 그런 무한한 길, 즉 도는 한정된 생명을 가진 우리 인간이 도저히 파악할 수 없다.

우리가 알지 못하는 우주 저편에도 자연의 도는 적용되고 있다. 즉 자연의 도란 우주 만물을 아우르는 무한한 것이다. 그런데 유한한 우리 인간은 그것에 '도'라고 이름을 붙인다. 그렇다면 인간이 이름 붙인 '도'가 무한하고 항구적인 도와 일치할 수 있을까? 그럴 수는 없을 것이다. "말할 수 있는 도는 항구적인 도가 아니다." 이것은 유한한 인간이 무한한 도에 대해서 규정할 수 없음을 말하고 있다.

소국과민(小國寡民 작은 나라 적은 백성), 나라는 되도록 작고 백성은 되도록 적어야 한다

노자는 이처럼 일반적인 규정에 대해서 거부할 뿐만 아니라 당시의 문화에 대해서도 비판한다. '문화'란 인위적인 꾸밈으로 백성을 교화한다는 의미를 갖는다. 예컨대 벌거벗은 원래의 자연 상태에 옷이라는 꾸밈을 입혀 백성을 교화한다는 것이다. 자연의 길을 중시한 노자의 입장에서 이러한 문화가 마음에 들었을 리 없다. 그는 이러한 문화가 당시의 혼란상을 가져왔다고 보았다. 문화는 인위적인 신분이나 재화를 만들어서 사람들을 기르고, 사람들은 서로 신분이나 재화를 획득하기 위해서 다툰다는 것이다. 문화는 결국 혼란을 가져올 뿐이다.

그는 이러한 혼란상을 극복할 인위적인 문화나 문명을 최소한으로 제한한 사회를 제시한다. 그것이 바로 '소국과민(小國寡民)'의 사회이다. '소국과민'이란 작은 나라, 적은 백성, 즉 나라는 되도록 작

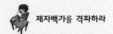

제자백가를 격파하라

고 백성은 되도록 적어야 한다는 생각을 담고 있는 용어이다. 이곳 나라의 사람들은 다른 지역으로 갈 수 있는 배나 수레가 있더라도 그것을 이용할 일이 없고, 무기가 있더라도 사용할 일이 없으며 자기 집과 고을이 제일 편하다고 생각하며 산다. 저 멀리 이웃 나라 사람들이 왔다 갔다 하는 게 보이고, 닭 울음소리와 개 짖는 소리가 서로 들리더라도 죽을 때까지 서로 왕래하지 않는다. 나라가 매우 작아서 다른 나라의 개 짖는 소리가 들리더라도 그 나라 안에서 자급자족하기 때문에 다른 나라에 갈 일도, 다른 나라를 침범할 일도 없다는 것이다. 이 나라에서는 글자도 새끼줄을 꼬아서 의사 표현을 하는 결승문자(結繩文字)면 충분하다. 문화나 문명의 이기를 최소화한 사회가 바로 소국과민의 사회이다.

노자는 이처럼 문화 일반에 대해 비판하면서 남성적 문화가 지배하는 당시 사회의 모습도 비판한다. 힘을 앞세우고 군림하려는 남성적 문화에 대한 대안으로서 여성성을 내세우기도 한다.

우선 강함을 추구하는 문화에 대해서 다음과 같이 비판한다. "부드러운 것이 강한 것을 이긴다." "사람이 태어났을 때에는 유약하지만 죽고 나면 뻣뻣하게 굳는다. (……) 그러므로 굳세고 강한 것은 죽은 것이고 유약한 것은 산 것이다. 그렇기 때문에 군대가 강하면 멸망하고 나무가 강하면 부러진다." 우리는 일반적으로 힘이 강한 자가 유약한 자를 이긴다고 알고 있으며, 따라서 모두가 강해지려고 한다. 하지만 노자가 보기에 굳셈과 강함이란 결국 죽은 사물에서 보이는 현상일 뿐이며, 생명이란 부드럽고 약한 것이다.

부드럽고 약한 것이야말로 사실은 참으로 강하다는 것이 노자의 논리다.

그리고 이러한 부드러움이 바로 여성성이다. 여성은 만물을 낳는다. 노자는 만물을 낳는 암컷의 생식기를 '곡신(谷神)' 또는 '현빈지문(玄牝之門)'이라고 표현한다. '곡신'이란 계곡의 신이고, '현빈지문'이란 말로 형용하기 힘든 암컷의 문이다. 매우 직설적인 성적 표현이라고 할 수 있다. 이러한 계곡의 신은 결코 죽지 않고 만물을 생성해 낸다. 여성성은 일반적으로 유약한 것 같지만, 끊임없이 만물을 생성하는 존재다. 우리 인간 세상이 남을 짓밟고 죽이는 남성적 문화가 아니라, 계속해서 만물을 생성하는 여성적 문화로 영위되어야 한다는 것이 노자의 생각이다.

인간의 기준으로 만든 상식은 도에서 벗어난다고 주장했던
장자(莊子, 이름은 주周, BC 369?~BC 286?)

노자가 문화와 문명을 비판했다면, 장자는 여기에서 더 나아가 당시의 상식을 뒤집는다. 한마디로 당시의 상식을 부정한 것이다. 즉 인간의 문화나 문명의 저변에 흐르고 있는 인간 중심적 사고를 뒤집어 버린다. 그의 사상을 보여 주는 《장자》라는 책에는 많은 우화가 담겨 있는데, 그 우화들은 황당한 경우가 대부분이다. 그 책의 처음에 나오는 우화 하나를 소개하겠다.

"북쪽 바다에 '곤(鯤)'이라는 물고기가 있는데, 그 물고기는 크기가 몇 천 리가 되는지 모를 정도다. 그것이 변화해서 새가 되는데

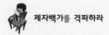
제자백가를 격파하라

그 이름이 '붕(鵬)'이다. 붕의 등은 몇 천 리가 되는지 모를 정도로 화가 나서 날아오르면 날개가 하늘에 구름이 드리운 것처럼 보인다. 이 새가 바다로 날아가면 장차 남쪽의 하늘 연못에까지 이르게 된다."

물고기가 갑자기 새가 된다는 것도 상식적으로 이해하기 힘들지만, 여기에서 우리가 주목할 점은 '곤'이라는 물고기 이름이다. 글자 그대로 하면 '곤'은 바다에 사는 아주 작은 물고기의 알을 말한다. 그런데 크기가 수천 리에 달하는 거대한 물고기의 이름을 '곤'이라고 한 것이다. 이것은 우리가 어떤 것을 말할 때 '크다' '작다'라고 하지만, 그 크고 작음은 상대적인 기준으로 판단한 것일 뿐임을 말하고 있다.

우리가 상식이라고 여기는 것은 결국 우리 나름의 상대적 기준에 따른 것이라는 이야기이다. 예컨대 우리 인간은 습한 곳에서 자면 온몸이 쑤시고 병이 들며, 나무 위에서 자면 불안해서 잠을 못 이룰 것이다. 그런데 미꾸라지는 진흙탕에서 자고, 원숭이는 나무 위에서 잔다. 그렇다면 인간, 미꾸라지, 원숭이 가운데 누구의 잠자리가 가장 좋을까? 이에 대해 인간의 잠자리라고 대답한다면, 이것은 인간을 기준으로 했기 때문이다. 모두가 각각에게 적절한 잠자리를 택한 것이며, 판단은 상대적인 것이다.

이처럼 인간이 자신만을 기준으로 하여 만들어 낸 상식은 잘못된 것이며, 자연의 도에서 벗어난 것이라고 장자는 주장했다. 또 하나의 예를 들어 보자. 어떤 부자가 큰 잔치를 벌여 놓고 손님을 대했다. 그러자 어떤 손님은 물고기를, 다른 손님은 기러기를 선물로 바쳤다. 이에 부자가 "하느님은 참 고맙기도 하시죠. 내가 먹으라고 물고기와 기러기를 내려주시니 말입니다."라고 말했다. 사람들이 옳은 말이라고 맞장구를 치는데, 어린 소년 하나가 벌떡 일어나 말했다. "말도 안 됩니다. 호랑이가 사람을 잡아먹고, 모기가 사람의 피를 빠는데, 그렇다면 하늘이 호랑이와 모기를 위해서 사람을 내려줬다는 겁니까?" 참 재미있는 우화다. 이 우화 역시 인간 중심적인 사고로 만물을 파악하는 자세를 비판한 것이다.

더 나아가 쓸모를 중시하는 인간들의 시선도 비판한다. 사실 우리는 모두 사회에서 쓸모 있는 사람이 되고자 하지 쓸모없는 사람이 되고자 하지는 않는다. 하지만 장자가 보기에 이러한 쓸모가 결국 인간의 온전한 삶을 가로막는 경우도 많았던 것이다.

지리소(支離疎)라는 중증 장애인이 있었다. 그는 전쟁이 자주 일어나던 그 시절에도 전쟁에 끌려가지 않았다. 장애가 심해서 군대에 갈 수 없었기 때문이다. 뿐만 아니라, 무거운 짐을 질 수도 없어서 성을 쌓거나 운하를 파는 국가적인 노역에도 참여하지 않았다. 그는 국가의 입장에서 봤을 때는 쓸모없는 인간이었다. 하지만 그처럼 쓸모가 없었기 때문에 전장이나 노역 현장에서 죽거나 다칠 염려가 없었다. 장애 덕분에 타고난 수명을 누릴 수 있었다. 그는 쓸모없는 사람이었기에 자신의 삶을 안정적으로 누릴 수 있었던 것이다. 장자는 이것을 두고 '무용지용(無用之用, 쓸모없음의 쓸모 있음)'이라고 했다.

제자백가를 격파하라

장자의 이러한 당시의 문화와 상식에 대한 거부는 인간 중심적인 문화와 상식이 인간의 자연적인 삶을 파괴하여, 결국은 당시의 혼란상을 가져왔다는 비판을 담고 있다. 따라서 춘추전국시대라는 혼란상을 극복하기 위해서는 자연을 있는 그대로의 모습으로 보고, 자연의 일부인 인간 또한 자연스러운 삶으로 돌아가기 위한 노력이 필요하다고 보았다.

4

백성의 입장에서 사상을 펼친
묵가(墨家)

묵가는 철저하게 백성들의 입장에서 사상을 펼친다. 특히 백성들이 경제적 풍요를 이루어야 한다는 입장이었다. 뿐만 아니라, 전쟁 반대를 명분으로 자신들 스스로가 무장하고 무리를 이뤄 전쟁에 참여하기도 했다.

굶주리고 헐벗고 피로한 백성이 없는 것이 '의'라고 주장했던
묵자(墨子, 이름 적翟, BC 470?~BC 391)

묵자의 삶은 잘 알려져 있지 않다. 그의 출신 성분에 대해서도 여러 설이 있다. 그가 무인 집단을 이룬 것으로 보아 무사 출신으로 보는 설도 있으며, 기층 백성들의 입장에 서서 사상을 편 것으로 보아 기층 민중 출신으로 보는 설도 있다. 심지어는 그의 성이 '묵'이라 하여 죄인 출신으로 보는 설도 있다. 당시에 죄를 지은 사람의 얼굴에 먹으로 문신을 새긴 점에 착안한 것이다. 하지만 아

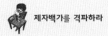

직까지도 정설은 없다. 그가 활동하던 시기는 전국시대 초에 해당한다. 그리고 맹자가 살았던 당시에는 그의 사상이 이미 널리 퍼져 있었던 모양이다.

묵자는 초기에 유가 사상을 공부했던 것으로 생각된다. 그가 사용하는 단어들이 유가에서 사용하는 것들과 상당 부분 일치하기 때문이다. 그의 사상을 보여 주는 《묵자》라는 책에는 공자가 중시했던 '의(義)'와 '인(仁)'이라는 단어가 자주 등장한다. 하지만 단어가 일치한다고 해서 그 단어가 담고 있는 내용까지 같은 것은 아니다.

그가 말하는 '의(義)', 즉 옳음은 백성들의 삶과 밀접하게 관련되어 있다. 이것을 알아보기 위해서는 우선 그가 말한 백성의 '삼환(三患, 세 가지 근심)'을 살펴볼 필요가 있다. 그것은 배고픈 백성이 먹지 못하고, 추운 백성이 옷을 입지 못하고, 피로한 백성이 쉬지 못하는 것이다. 이것은 옳지 못한 일이다. 따라서 그는 모든 인간이 노동해서 자신의 재산을 확보하는 것을 '의'로운, 즉 옳은 것으로 보았다. 다시 말해서 노동에 참여한 백성이 자기 노동의 성과물을 취해, 굶주리고 헐벗고 피로한 사람이 없도록 하는 것이 바로 의로운 것이다.

**내 아버지를 먼저 생각하는 마음,
즉 차별애(差別愛)에서 다툼이 생긴다**

묵자는 '인'에 대해서도 유가와는 다른 해석을 한다. 앞에서 공자에 대해서 말할 때 언급한 것처럼, 유가에서는 '인', 즉 인간에 대한 사랑이 내 가족에서 출발한다고 본다. 다시 말해서, 우선 내 아버지를 사랑하고, 그 마음을 내 이웃으로 확장하고, 다시 내 나라 사람으로 확장하고, 다시 온 세상 사람으로 확장한다. 하지만 묵자는 여기에 문제가 있다고 보았다. 내 아버지에 대한 사랑에서 출발하면 결국 다툼이 생긴다는 것이다. 예를 하나 들어 보겠다. A군은 눈앞에 놓인 쇠고기 한 근을 보자, 그것을 가져다 구워서 아버지께 드리면 좋겠다는 생각을 한다. 이것은 아버지를 사랑하는 마음으로서 유가에서라면 칭찬받아 마땅한 것이다.

옆에 있는 B군, C군도 같은 생각을 한다. 이들 역시 유가에서라면 칭찬받아 마땅한 생각을 한 것이다. 그런데 쇠고기는 한 근뿐이다. 그렇다면 어떻게 해야 할까? 물론 나눠 가지면 된다. 하지만 현실은 그렇지 않다. 그 쇠고기 한 근을 놓고 다툼이 벌어진다. 묵자는 이처럼 내 아버지를 먼저 생각하는 마음에서 다툼이 벌어진다고 본 것이다. 내 아버지를 다른 아버지와 구별하고 내 아버지를 우선적으로 사랑하는 것을 묵자는 '차별애(差別愛)'라고 한다. 차별적인 사랑이다. 그리고 이러한 유가적인 차별애에서 다툼이 생긴다고 보았다.

그는 차별애 대신 '겸애(兼愛)'를 실행해야 한다고 주장한다. 내 아버지와 내 친구의 아버지, 그리고 내가 전혀 알지 못하는 이의 아버지를 차별 없이 사랑하는 것이 바로 겸애다. 모든 이를 나와의 관계를 따지지 않고 똑같이 사랑하는 것이다.

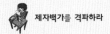
제자백가를 격파하라

백성들의 삶에 가장 큰 피해를 주는 것은
유가 의식이 아니라 전쟁이다

묵자는 차별애 외에도 여러 면에서 유가를 비판한다. 그러한 비판은 백성들의 물질적인 삶을 풍요롭게 하고자 했던 묵자의 고민을 그대로 보여 준다. 묵자는 먼저 유가의 여러 의식(儀式)을 비판했다. 특히 화려하게 치르는 장례, 만 2년이라는 오랜 기간 동안 치르는 상례, 그리고 음악 등에 대해 비판했다. 당시 지배층이 행했던 화려한 장례는 백성들의 고혈을 쥐어짜서 이루어진 것이었다. 상례도 마찬가지였다. 상례를 치르는 이는 생산 활동에 참여하지 못했다. 때문에 백성들에게 피해를 끼칠 수밖에 없었다.

또한 음악 연주는 백성들의 물질적 삶에 전혀 도움이 되지 않고, 음악가 등을 먹여 살리는 데 백성들의 피땀이 소모된다고 했다. 그렇다고 묵자가 모든 의식을 철폐하자고 한 것은 아니다. 대신 간소한 장례와 짧은 기간 안에 치르는 상례를 주장했다. 다만 음악 연주만큼은 허용해서는 안 된다고 했다.

그런데 백성들의 삶에 가장 큰 피해를 주는 것은 유가의 의식이 아니라 전쟁이었다. 전쟁을 하면 모든 것이 쑥대밭이 된다. 묵자는 그러한 점을 간파했다. 그리고 전쟁이 벌어지는 원인을 공격 전쟁에서 찾았다. 공격 전쟁이란 먼저 전쟁을 일으키는 것을 말한다. 이에 반대되는 말로는 방어 전쟁이 있다. 만약 전쟁이 벌어졌다면, 이유야 어찌 되었든 전쟁 당사자 가운데 한쪽에서 먼저 무력을 사용했을 것이다. 묵자는 그처럼 먼저 무력을 사용하여 공격한 자에게 전쟁 발발의 책임이 있다고 보았다. 그래서 그는 사전에 전쟁이 일어나지 않도록 당시의 제후들을 설득했다. 그래도 말을 듣지 않고 다른 나라를 공격하면, 공격을 받는 나라로 자신의 무리를 이끌고 가서 방어 전쟁에 참여했다. 일사불란한 규율을 가지고 있던 묵가 학파 사람들은 전쟁에서도 탁월한 능력을 발휘했다고 한다.

　묵자와 묵가 학파 사람들은 백성들의 삶을 중시했고 그들의 생각은 훌륭한 점이 많다. 하지만 인간의 원초적인 본능을 억제하여 우리 아버지와 남의 아버지를 구분 없이 사랑하라는 겸애 사상은 실천하기가 쉽지 않았다. 그리고 백성들의 물질적 삶에 도움이 되지 않는 일체의 행위를 금지하였기에 사람들이 음악 등의 문화를 즐길 수 있는 여지를 주지 않았다. 이러한 금욕적인 삶은 일반인들이 견뎌 내기 힘들었을 것이며, 묵가 학파가 후대에까지 이어지지 못한 주요 원인이 되었다고 할 수 있다.

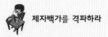

5

진나라의 중국 통일과 통일 제국의 이론적 기초가 되었던 법가(法家)

법가 사상은 진(秦)나라가 중국을 통일하고, 통일 제국을 운영하기 위한 이론적인 토대가 된다. 법가 사상이라고 하면 '법(法)'만을 생각하기 쉬운데, 법뿐만 아니라 세(勢)와 술(術)이라는 것이 함께 더해져 사상을 이룬다. 전기 법가로 알려진 상앙의 '법' 사상을 기초로 하여, 한비자가 신도의 '세'와 신불해의 '술' 이론을 접목하여 법가 사상 체계를 완성한다.

모든 사람에게 공평하게 적용되는
법에 의한 통치를 주장했던 상앙(商鞅, BC 390?~BC 338)

상앙은 '변법(變法)'이라 불리는 두 차례의 제도 개혁으로 진나라 제후를 위협하는 귀족들의 특권을 박탈하고 군주의 일인 독재 체제를 구축한다. 이를 통해 진나라는 부국강병을 이루게 되며, 결국 중국을 통일하게 된다. 상앙은 진나라가 중국을 통일하는 데

기반을 다진 인물로 평가된다.

그의 사상은 철저하게 현실적이다. 우선 힘이 있어야 국가가 살아남고 인(仁)과 의(義)도 실행할 수 있다고 했다. 당시 전국시대라는 시대적인 상황에서 인과 의를 내세워 봤자 힘 있는 나라에게 잡아먹힐 뿐이었다. 그보다는 우선 다른 나라를 제압할 수 있는 힘이 있고 나서야 비로소 인간 사랑이나 옳음을 실행할 수 있다는 논리다.

그는 힘을 가지기 위해서는 무엇보다도 법에 의한 통치가 필요하다고 주장했다. 특히 그는 개인적인 것, 사적인 것보다 공적인 것이 우위에 서야 한다고 보았다. 그가 사적인 것이라고 지목한 것은 당시 귀족들이 누리고 있던 개인적인 특권을 말하며, 공적인 것은 법을 말한다. 다시 말해, 귀족들의 사적인 특권이 아니라 공적인 법에 의해 국가가 통치되어야 한다고 주장한 것이다.

당시만 하더라도 귀족들은 법을 어겨도 그들의 특권으로 형벌을 면하는 경우가 많았다. 상앙은 이런 현상을 비판하면서 법이 모든 사람에게 공평하게 적용되어야 한다고 주장했다. 따라서 법에 예외를 두어서는 안 된다는 그의 주장은 귀족들을 겨냥한 것이었다. 어차피 일반 백성들은 죄를 지었을 경우에 벌을 받았고 귀족들은 그러한 벌을 피할 수 있었기 때문이다. 이러한 공적인 법에 의한 통치를 강조함으로써, 상앙은 귀족을 배제하고 왕을 중심으로 하는 철저한 중앙 집권을 도모했다.

더 나아가 그는 백성들을 우민화(愚民化)하여 통치자의 의도에 맞

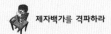

게 움직일 수 있도록 해야 한다고 주장했다. 여기서 그가 주목한 것은 당시의 지식인이다. 그는 당시 지식인들을 말만 무성했지 국가에 도움이 되지 않고, 국론을 분열시키는 존재라고 보았다. 따라서 지식인의 입을 막아 국론의 통일을 꾀해야 한다고 생각했다.

이처럼 그는 법으로 귀족의 특권을 없애고, 제후를 중심으로 하는 중앙 집권을 실행함으로써 부국강병을 이루고자 했다.

사랑보다는 법에 의한 통치로 부국강병을 실현하고자 했던
한비자(韓非子, BC 280?~BC 233)

제후를 중심으로 하는 중앙 집권화는 모든 법가 사상가들이 주장한 것이었고, 한비자 역시 예외는 아니다. 그는 자신 이전의 법가 사상들을 통합해서 하나의 체계를 세운다. 그는 원래 유가 사상가인 순자의 제자였다. 유가 사상에서는 도덕적 사회의 실현을 꿈꾸는데, 법가에서는 왕 한 사람의 말에 의해 다스려지는 사회를 꿈꾼다. 그렇다면 한비자는 순자에게서 어떤 것을 배운 것일까?

앞에서도 보았듯이 순자는 인간의 본성이 악하다고 주장했다. 그리고 인간의 본성이 악하다면, 그 본성을 제어할 외적인 수단이 필요하다고 보았다. 한비자는 순자의 인간 본성론을 받아들여서 그것을 더욱 극단으로 몰고 간다. 한비자 역시 인간이 이익을 좋아하기 때문에 악한 행동을 하기가 쉽다고 보았다. 이러한 인간의 이익 추구 본성은 부모 자식 간에도 나타난다고 했다. 예컨대 "자식이 어릴 때 부모가 양육을 소홀히 했다면 그 자식이 자라 부모를 원망한다. 그리하여 부모 모시기를 거절하면 부모는 자식을 원망하며 헐뜯는다."는 것이다. 부모 자식이라는 인간의 원초적인 관계도 결국은 이익 추구에 따라 붕괴될 수 있음을 말하고 있다. 이처럼 이익만을 추구하는 인간을 제어하려면, 사랑이 아니라 강력한 법에 의한 통치가 필요하다는 게 그의 주장이다. 뿐만 아니라, 사랑보다는 법에 의한 통치가 훨씬 효율적이라고 보았다.

한비자는 상앙의 법을 중시하는 사상을 받아들여서 엄한 법 집행을 주장하고, 법 집행에 예외를 두어서는 안 된다고 했다. 그리고 법에 의한 통치를 통해서 부국강병을 실현할 수 있다고 보았다.

그는 모순론(矛盾論)도 주장한다. 즉 공적인 것과 사적인 것이 함께할 수 없다는 말이다. 모순이란 창과 방패이다. 매우 강력한 창은 모든 방패를 꿰뚫을 수 있고, 매우 견고한 방패는 모든 창을 막아 낼 수 있을 것이다.

그런데 이러한 창과 방패가 만났을 때에는 어떤 일이 벌어질까? 창이 방패를 뚫든지 아니면 방패가 창을 막아 낼 것이다. 따라서 모든 방패를 뚫을 수 있는 창과 모든 창을 막아 낼 수 있는 방패는 함께 존재할 수 없다.

이처럼 공적인 법과 사적인 권력은 함께 존립할 수 없다. 따라서 공적인 법에 의한 통치가 이루어져야 한다는 것이 한비자의 생각이다. 그리고 그러한 법에 의한 통치는 사적인 특권을 인정하지는 것이다.

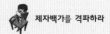

제자백가를 격파하라

백성들의 강압적인 복종
신하들의 충성 경쟁을 부추기는 강력한 군주

한비자가 법에 의한 통치만으로 임금의 중앙 집권과 부국강병이 실현된다고 생각한 것은 아니다. 한비자는 신도(愼倒, BC 395~BC 315)가 주장한 '세(勢)' 이론을 받아들인다. 신도가 말한 '세'는 주로 군주의 지위와 권세를 가리킨다. 신도는 백성이 군주에게 복종하는 것은 그가 착하고 똑똑해서가 아니라 그에게 권세와 지위가 있기 때문이라고 했다. 이것은 백성의 자발적인 복종이 아니라 강압에 의한 복종을 강요하는 것으로, 중앙 집권적인 군주권 강화를 중시하는 것이다.

다른 한편 신불해(申不害, BC 385?~BC 337)의 '술(術)'론을 받아들인다. '술'이란 군주가 신하를 제압하여 자신에게 유리하게 활용하는 정치술, 또는 책략을 말한다. 예컨대 두 명의 측근 신하가 있을 때, 이 둘을 이간질함으로써 두 신하가 경쟁적으로 자신에게 충성하도록 만드는 것이다. 군주는 직접 나서서 통치하는 것이 아니라 신하들에게 일을 맡기고 관망하면서 신하들이 충성 경쟁을 하도록 부추기는 역할만 하면 된다.

이러한 법, 술, 세에 기반한 한비자의 사상은 강력한 군주를 중심으로 하는 중앙 집권에 일차적 목적이 있다. 그리고 그러한 강력한 군주가 국가를 통치하여 부국강병을 이루고, 최종적으로 춘추전국시대의 혼란상을 종식시키는 데 목적을 두었다. 법가 사상 가운데 법 앞에서의 형평성은 지금 시각으로 봤을 때도 긍정적으로 평가할 만하다. 하지만 그러한 법의 형평성이 군주를 위협하는 귀족들을 제어하여 군주의 독재를 강화하기 위해서라는 부정적인 측면이 있음을 지나쳐서는 안 될 것이다. 법가 사상의 도움으로 진 나라는 중국을 통일하지만, 결국 독재를 통한 통치로 정권을 장기간 유지하지는 못했다. 그리고 한비자 자신도 순자 밑에서 함께 공부했던 이사의 모함으로 죽고 만다.

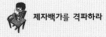
제자백가를 격파하라

철학 판타지 03
제자백가를 격파하라

초판 1쇄 2011년 3월 25일
초판 4쇄 2022년 11월 21일

지은이 | 좌백
감수 | 한국철학사상연구회
펴낸이 | 정은영
편집 | 서지석
일러스트 | 왕지성
디자인 | 김승일

펴낸곳 | 마리북스
출판등록 | 제2019-000292호
주소 | (04037) 서울시 마포구 양화로 59 화승리버스텔 503호

전화 | 02)336-0729, 0730
팩스 | 070)7610-2870
홈페이지 | www.maribooks.com
Email | mari@maribooks.com
인쇄 | (주)신우인쇄

ISBN 978-89-94011-22-6 44100
      978-89-959965-0-8 (Set)